D1844011

Dorothee Raab (Hrsg.

150 Diktate

3./4. Klasse

Autorin dieses Bandes: Marion Clausen

Mit Elternleitfaden und Rufus-Mitmachseiten

Cornelsen
SCRIPTOR

www.cornelsen.de

Bibliografische Information
Die Deutsche Bibliothek verzeichnet diese Publikation in der Deutschen Nationalbibliografie, detaillierte bibliografische Daten sind im Internet über http://dnb.ddb.de abrufbar.

Dieser Band folgt den Regeln der deutschen Rechtschreibung, die seit August 2006 gelten.

5. 4. 3. 2. 1. Die letzten Ziffern bezeichnen
12 11 10 09 08 Zahl und Jahr der Auflage.

Redaktion: Annegret Hauser, Berlin
Herstellung: Uwe Pahnke, Berlin
Umschlaggestaltung: Magdalene Krumbeck, Wuppertal
unter Verwendung von Illustrationen von Guido Wandrey
Innenteilillustrationen: Guido Wandrey/Dorina Teßmann
Layout und Satz: Margit Dittes Media, Hamburg
Druck und Bindung: Westermann Druck Zwickau GmbH
ISBN 978-3-589-22637-5

Gedruckt auf säurefreiem Papier,
umweltschonend hergestellt aus chlorfrei gebleichten Faserstoffen.

Inhalt

Kurzer Elternleitfaden zum Thema „Rechtschreibung“

Diktattexte

I Groß- und Kleinschreibung 9

1 Was ist das? (*Rätsel*; 57 Wörter) 15
2 Lieber Sohn! (*Brief*; 59 Wörter) 15
3 Die schwimmende Kartoffel (*Sachtext zum Nachmachen*; 60 Wörter) 15
4 Spannendes Erlebnis (*Geschichte*; 64 Wörter) 16
5 Die gute und die schlechte Nachricht (*Witz*; 67 Wörter) 16
6 Wünsche an die Schule (*Sachtext*; 67 Wörter) 16
7 Kartoffeln aus dem Ofen (*Rezept*; 84 Wörter) 17
8 Die Wale retten (*Brief*; 91 Wörter) 17
9 Der dicke Riese im Garten (*Sachtext zum Nachmachen*; 108 Wörter) 18
10 Am Meer (*Sachtext*; 147 Wörter) 18
Rufus-Mitmachseite **20**

II Einfacher oder doppelter Konsonant 21

11 Der wertvolle Hampelmann (*Geschichte*; 71 Wörter) 21
12 Buchenblätter kann man essen (*Sachtext zum Nachmachen*; 73 Wörter) 21
13 Im Pferdestall (*Sachtext*; 73 Wörter) 21
14 Alte Reime (*Gedicht*; 73 Wörter) 22
15 Spinnen (*Geschichte*; 74 Wörter) 23
16 Spiel mit Schneebällen (*Sachtext zum Nachmachen*; 83 Wörter) 23
17 Der wilde Hund (*Fabel*; 93 Wörter) 23
18 Rätsel (*Rätsel*; 121 Wörter) 24
19 Der Steinmarder (*Sachtext*; 124 Wörter) 25
20 Alte Bauernregel (*Sachtext*; 124 Wörter) 26
Rufus-Mitmachseite **27**

III Wörter mit *k* oder *ck* und mit *z* oder *tz* 29

21 Wer hört zu? (*Witz*; 51 Wörter) 29
22 Kalter Hund (*Sachtext*; 54 Wörter) 29
23 Die Gäste der Buche (*Gedicht*; 72 Wörter) 29
24 Mit dem Körper sprechen (*Sachtext*; 77 Wörter) 30
25 Advent, Advent (*Sachtext*; 79 Wörter) 31
26 Der kranke Stoßzahn (*Sachtext*; 81 Wörter) 31

27 Rezept für Salzteig (*Sachtext zum Nachmachen*; 90 Wörter) 32
28 Das Frühstück (*Geschichte*; 90 Wörter) 32
29 Die kleinen und die großen Fische (*Fabel*; 121 Wörter) 33
30 Der Bart des Zwerges (*Märchen*; 151 Wörter) 33
Rufus-Mitmachseite **35**

IV Wörter mit *ä* oder *e*, mit *äu* oder *eu* 37

31 Was ist denn hier los? (*Unsinnssätze*; 47 Wörter) 37
32 Bei Gewitter (*Geschichte*; 49 Wörter) 37
33 Mäuseplage in China (*Zeitungsbericht*; 63 Wörter) 37
34 Besichtigung im Schloss (*Geschichte*; 73 Wörter) 38
35 Waldbrandgefahr (*Zeitungsbericht*; 82 Wörter) 38
36 Ein Freundschaftsband (*Geschichte*; 85 Wörter) 39
37 Nützlicher Rüssel (*Sachtext*; 91 Wörter) 39
38 Die Eule auf Jagd (*Bericht*; 106 Wörter) 39
39 Auf dem Bauernhof (*Sachtext*; 116 Wörter) 40
40 Angst vor Quallen? (*Sachtext*; 119 Wörter) 40
Rufus-Mitmachseite **42**

V Lang gesprochene Vokale 43

41 Was ist das? (*Rätsel*; 51 Wörter) 43
42 Zungenbrecher (56 Wörter) 43
43 Erdbeerquark (*Rezept*; 67 Wörter) 44
44 Würfelersatz (*Sachtext zum Nachmachen*; 70 Wörter) 44
45 Verkehrte Welt (*Gedicht*; 73 Wörter) 44
46 Was ist Schnee? (*Sachtext*; 74 Wörter) 45
47 Im Sturm (*Geschichte*; 76 Wörter) 45
48 Unglücklich verliebt (*Geschichte*; 78 Wörter) 46
49 Ein prima Bad (*Sachtext zum Nachmachen*; 79 Wörter) 46
50 Beim Flohzirkus (*Geschichte*; 89 Wörter) 46
51 Kaugummi (*Sachtext*; 98 Wörter) 47
52 Bienen sind wichtig (*Sachtext*; 107 Wörter) 47
53 Was schön wäre (*Wunschsätze*; 115 Wörter) 48
54 Der Ohrwurm (*Sachtext*; 119 Wörter) 48
55 Der Schneemann (*Geschichte*; 165 Wörter) 49
Rufus-Mitmachseite **50**

VI Wörter mit *b* oder *p*, *d* oder *t*, *g* oder *k* 51

56 Das Glücksrad (*Spiel*; 76 Wörter) 51
57 Sieg beim Fußballquiz (*Fragen und Antworten*; 80 Wörter) 51
58 Ein Regenbogen (*Sachtext zum Nachmachen*; 85 Wörter) 52
59 Rezept gegen Stinkfüße (*Sachtext zum Nachmachen*; 98 Wörter) 52
60 Das Holzbein (*Sachtext zum Nachmachen*; 120 Wörter) 53

61 Der Löwe und der Bär (*Fabel*; 127 Wörter) 53
62 Das Ende der Dinosaurier (*Sachtext*; 139 Wörter) 54
63 Klug überlegt! (*Witz*; 141 Wörter) 54
64 Der erste Sprung (*Geschichte*; 156 Wörter) 55
65 Der Baum, der andere Blätter wollte (*Märchen*; 158 Wörter) 55
Rufus-Mitmachseite **57**

VII Wörter mit *s, ss* oder *ß* 59

66 Was ist das? (*Scherzfragen*; 54 Wörter) 59
67 Lied des Nussknackers (*Gedicht*; 59 Wörter) 59
68 Zwei Gedichte (62 Wörter) 60
69 Bei der Wahrsagerin (*Geschichte*; 53 Wörter) 61
70 Die Tiefsee (*Sachtext*; 66 Wörter) 61
71 Die Kokosnuss-Bongo (*Sachtext zum Nachmachen*; 88 Wörter) 61
72 Was aßen die Neandertaler? (*Sachtext*; 98 Wörter) 62
73 Hokuspokus (*Zaubertrick*; 100 Wörter) 62
74 Kastanien als Saubermacher (*Sachtext zum Nachmachen*; 105 Wörter) 63
75 Die Maus fliegt (*Geschichte*; 116 Wörter) 63
76 Das rote Känguru (*Sachtext*; 132 Wörter) 64
77 Viel frische Luft (*Geschichte*; 148 Wörter) 64
78 Türkische Hackfleischbällchen (*Rezept*; 148 Wörter) 65
79 Der Fuchs und die Schnecke (*Fabel*; 155 Wörter) 66
80 Herbstwind und Sonne (*Fabel*; 157 Wörter) 66
Rufus-Mitmachseite **68**

VIII Adjektive mit *-ig* und *-lich* 69

81 Im Wald (*Geschichte*; 54 Wörter) 69
82 Wie ist das Wetter? (*Geschichte*; 72 Wörter) 69
83 Die richtige Pflege für dein Fahrrad (*Sachtext*; 75 Wörter) 69
84 Merkwürdige Speisekarte (*Geschichte*; 76 Wörter) 70
85 Glücklicher Einkauf (*Geschichte*; 93 Wörter) 70
86 Der Wettlauf (*Geschichte*; 107 Wörter) 71
87 Der stolze Schmetterling (*Fabel*; 108 Wörter) 71
88 Wie ein Schauspieler (*Sachtext*; 111 Wörter) 72
89 Das Schnabeltier (*Sachtext*; 115 Wörter) 72
90 Geschichten dazu erfinden (*Geschichte*; 124 Wörter) 73
Rufus-Mitmachseite **74**

IX Richtig trennen 75

91 Einkaufsliste für besondere Tage (*Liste*; 34 Wörter) 75
92 Ein großer Unterschied (*Witz*; 44 Wörter) 75
93 Ungewöhnliche Berufe (*Liste*; 51 Wörter) 76
94 Sommerfest in der Schule (*Geschichte*; 53 Wörter) 76

95 Was tun? (*Scherzfrage*; 60 Wörter) ... 77
96 So viele Gäste! (*Geschichte*; 66 Wörter) ... 77
97 Das Mückenlied (*Lied*; 77 Wörter) ... 77
98 Der Löwe und die Maus (*Fabel*; 77 Wörter) ... 78
99 Weitererzählen (*Spielanleitung*; 92 Wörter) ... 78
100 Ein schlechter Tag? (*Geschichte*; 103 Wörter) ... 79
Rufus-Mitmachseite ... **80**

X Zeichensetzung 81

Punkt – Ausrufezeichen – Fragezeichen – Doppelpunkt
101 Giraffen sind hoch (*Sachtext*; 50 Wörter) ... 81
102 Die Wikinger (*Sachtext*; 62 Wörter) ... 81
103 Die Ohrenwackler (*Sachtext*; 81 Wörter) ... 81
104 Gesprächsfetzen (*Sätze*; 97 Wörter) ... 82
105 Ratschläge für Tierhalter (*Sachtext*; 120 Wörter) ... 83

Wörtliche Rede
106 Vergessen (*Geschichte*; 64 Wörter) ... 83
107 Der Häuptling beim Festessen (*Witz*; 81 Wörter) ... 84
108 Der Mann und der Pinguin (*Witz*; 87 Wörter) ... 84
109 Der Fuchs und die Gänse (*Fabel*; 103 Wörter) ... 84
110 Wer kennt diese Märchen? (*Märchen*; 134 Wörter) ... 85

Komma bei Aufzählungen
111 Vor der Reise (*Geschichte*; 56 Wörter) ... 86
112 Im Freibad (*Geschichte*; 62 Wörter) ... 86
113 Der erste Schultag (*Geschichte*; 82 Wörter) ... 87

Komma zwischen Hauptsätzen sowie zwischen Haupt- und Nebensätzen
114 Durch die Lappen gehen (*Sachtext*; 61 Wörter) ... 87
115 Ein afrikanisches Spiel (*Spielanleitung*; 72 Wörter) ... 87
116 Leckeres für die Pause (*Sachtext*; 73 Wörter) ... 88
117 Im Eishotel (*Sachtext*; 90 Wörter) ... 88
118 Gerüche sind wichtig (*Sachtext*; 122 Wörter) ... 89

Zeichensetzung: gemischt
119 Wer zieht denn da? (*Witze*; 72 Wörter) ... 89
120 Gibt es Gespenster? (*Sachtext*; 73 Wörter) ... 90
121 Auf dem Markt (*Geschichte*; 101 Wörter) ... 90
122 Ein Traum (*Geschichte*; 103 Wörter) ... 90
123 Schutz für Igel (*Sachtext*; 111 Wörter) ... 91
124 Fächerkugel (*Bastelanleitung*; 126 Wörter) ... 92
125 Der dicke, fette Pfannkuchen (*Märchen*; 178 Wörter) ... 92
Rufus-Mitmachseite ... **94**

XI Gemischte Diktate 95

126 Die Wohnung der Maus (*Gedicht*; 57 Wörter) ... 95
127 Die kleine Hexe (*Gedicht*; 63 Wörter) ... 95
128 Die Heinzelmännchen (*Gedicht*; 66 Wörter) ... 96
129 Heilige Kühe (*Sachtext*; 69 Wörter) ... 96
130 Das Knabber-Memory (*Spiel*; 77 Wörter) ... 97
131 Wasser ist kostbar (*Sachtext*; 77 Wörter) ... 97
132 Essen in Rom (*Sachtext*; 81 Wörter) ... 98
133 Tierisch gelacht (*Witze*; 83 Wörter) ... 98
134 Leicht wie eine Feder! (*Sachtext*; 85 Wörter) ... 98
135 Verkehrte Welt (*Gedicht*; 96 Wörter) ... 99
136 Die Gedanken sind frei (*Lied*; 101 Wörter) ... 99
137 Bremer Stadtmusikanten (*Zeitungsbericht*; 104 Wörter) ... 100
138 Arbeit auf dem Leuchtturm (*Sachtext*; 113 Wörter) ... 100
139 Starke Erbsen (*Sachtext zum Nachmachen*; 114 Wörter) ... 101
140 Der Verdrießliche (*Gedicht*; 118 Wörter) ... 102
141 Himmel und Erde (*Spielanleitung*; 128 Wörter) ... 103
142 Das Lied von der Brücke (*Lied*; 129 Wörter) ... 103
143 Wie wurde man ein Ritter? (*Sachtext*; 132 Wörter) ... 104
144 Kleine Eisbären (*Sachtext*; 135 Wörter) ... 104
145 Märchen-Mix (*Märchen*; 135 Wörter) ... 105
146 Das Ei des Kolumbus (*Sachtext*; 138 Wörter) ... 106
147 Befana bringt die Geschenke (*Legende*; 143 Wörter) ... 106
148 Lesetipps rund ums Meer (*Büchertipps*; 144 Wörter) ... 107
149 Kartoffeln aus dem Eimer (*Sachtext zum Nachmachen*; 150 Wörter) ... 108
150 Der süße Brei (*Märchen*; 167 Wörter) ... 108
Rufus-Mitmachseite ... 110

Lösungen 111

Kurzer Elternleitfaden zum Thema „Rechtschreibung“

Was brauchen Sie und Ihr Kind?

Ihr Kind kann auf einen Schreibblock oder in ein Heft schreiben. Wenn Sie die Diktate aufheben möchten, um die Leistungsentwicklung ihres Kindes zu überprüfen, eignet sich ein Heft besser. Als Schreibgerät ist ein Bleistift (Stärke HB) empfehlenswert, weil man Fehler wegradieren kann.
Achten Sie auf eine angenehme Arbeitsatmosphäre. Die Stimmung zwischen Ihnen sollte möglichst entspannt und ruhig sein. Der Arbeitsplatz sollte aufgeräumt und freundlich wirken. Am besten setzen Sie sich an einem Tisch gegenüber. Wenn Sie eine feste Übungszeit verabreden, spielt sich das Üben leichter ein. Bearbeiten Sie nicht mehr als ein Diktat auf einmal.

Wie suchen Sie das passende Diktat aus?

Im Inhaltsverzeichnis finden Sie die wichtigsten Rechtschreibthemen, die Ihr Kind in der 3. und 4. Klasse beherrschen sollte. Entweder bereiten Sie gezielt ein in der Schule anstehendes Diktat vor – dann üben Sie die voraussichtlichen Diktatthemen. Falls Sie unsicher sind, erkundigen Sie sich bei der Lehrerin.
Oder Sie möchten durch regelmäßiges Üben die Rechtschreibkenntnisse insgesamt festigen – dann suchen Sie aus der Fülle der Diktate das aus, was zeitlich passt (die Wörteranzahl ist jeweils angegeben) und was inhaltlich für Ihr Kind spannend sein könnte (die Themen und Textsorten sind breit gestreut, damit jedes Kind etwas findet, was es interessiert).

Wie bereitet sich Ihr Kind auf ein Diktat am besten vor?

Sie können selbstverständlich einen Text „aus dem Stand“ diktieren, ohne dass sich Ihr Kind speziell vorbereitet hat; diese Vorgehensweise entspricht der Situation in der Schule, wenn unbekannte Diktate geschrieben werden. Jedoch werden die Rechtschreibthemen und schwierigen Wörter für Diktate in der 3. und 4. Klasse meist vorher geübt – und das kann Ihr Kind auch zu Hause in diesen drei Schritten tun:

1. Den Text langsam und genau lesen.
2. Wörter, die schwierig sind, unterstreichen und herausschreiben.

3. Überlegen, ob die Schreibung der Wörter erklärt werden kann:
   - durch Regeln (z. B.: Am Satzanfang immer groß schreiben)
   - durch Verlängern (z. B.: *das Reh – die Rehe* → dann hört man das *h*)
   - durch verwandte Wörter (z. B.: *die Schublade – schieben* → also mit *b*)

Wie diktieren Sie richtig?

Achten Sie auf eine sehr deutliche Aussprache. Lesen Sie zu Beginn den ganzen Text einmal vor. Wenn Ihr Kind etwas nicht verstanden hat, erklären Sie es ihm.
Dann lesen Sie einen ganzen Satz vor und wiederholen ihn in Abschnitten. Die Stellen für eine Sprechpause sind im Text mit Längsstrichen (|) markiert. Warten Sie, bis Ihr Kind diesen Text aufgeschrieben hat. Ihr Kind sollte beim Schreiben genügend Platz zwischen den Zeilen lassen. Satzzeichen werden mitdiktiert, es sei denn, es handelt sich um ein Diktat zur Zeichensetzung. In diesem Fall lassen Sie die farbig gekennzeichneten Satzzeichen beim Diktieren weg.
Unterbrechen Sie den Schreibfluss Ihres Kindes nicht; weisen Sie Ihr Kind zwischendrin nicht auf falsche Schreibweisen hin.
Zum Schluss wiederholen Sie noch einmal den ganzen Text, damit Ihr Kind überprüfen kann, ob es ein Wort vergessen oder falsch verstanden hat.

Wie kontrollieren Sie das Diktat?

Während Sie den Text kontrollieren, hat Ihr Kind eine kleine Erholungspause verdient. In diesem Buch finden Sie dafür jeweils am Ende der Rechtschreibkapitel die Rufus-Mitmachseiten mit Angeboten zum Spielen, Knobeln und Ausprobieren (Lösungen ab S. 111).
Lesen Sie den von Ihrem Kind geschriebenen Text sorgfältig durch und unterstreichen Sie jedes Wort, das falsch geschrieben ist, jede Lücke (wenn z. B. ein Wort bzw. ein Satzzeichen fehlt) oder jedes zu viel geschriebene Wort. Wenn Sie aber überschauen, dass Ihr Kind sehr viele Fehler macht, beginnen Sie vorerst damit, jedes richtig geschriebene Wort zu unterstreichen.

Rufus Rabenschlau

Wie bewerten Sie das Diktat?

Es geht in erster Linie darum, dass Ihr Kind lernt, möglichst fehlerfrei zu schreiben. Der Weg, bis ein Wort sicher im Gedächtnis verankert wird, ist lang. Je öfter das Wort niedergeschrieben wird, desto besser. Darum ist die Freude am Schreiben sehr wichtig und sollte unbedingt erhalten bleiben. Eine Benotung wie in der Schule ist zu Hause nicht nötig. Selbstverständlich sind wenige Fehler besser als viele. Aber gerade wenn Schüler rechtschreibschwach sind, zählt das Sich-Verbessern (auch in kleinen Schritten) mehr als die Anzahl der Fehler. Als Anhaltspunkt für einen Text mit 70 Wörtern kann die folgende Einteilung dienen (längere oder kürzere Texte bitte entsprechend einschätzen):

- bis 3 Fehler – Ihr Kind ist bereits ziemlich sicher in der Rechtschreibung.
- 4 bis 6 Fehler – Ihr Kind hat noch einige Fehlerschwachstellen. Versuchen Sie, diese herauszufinden und die richtige Schreibung gezielt zu üben.
- ab 7 Fehler – Ihr Kind braucht regelmäßige Unterstützung; üben Sie öfter mit ihm.

Vergessen Sie nicht zu loben! Jede Verbesserung sollte beachtet werden, und ein ganz fehlerfreies Diktat hat ohnehin eine kleine Belohnung verdient.

Wenn Sie auch nach regelmäßigem Üben keine Verbesserung bemerken, besprechen Sie mit der Deutschlehrerin, wie Sie weiter vorgehen können.

Wie sollen Fehler verbessert werden?

Um das Kind in seiner Leistung zu bestätigen, können die richtig geschriebenen Wörter eingekreist oder bunt unterstrichen werden. Wer mag, kann sie auch zählen und die Anzahl aufschreiben.
Jedes falsch geschriebene Wort darf Ihr Kind dick durchstreichen. Dann trägt es die betreffenden Wörter richtig untereinander in eine Wortliste ein. Diese Liste prägt sich das Kind ein, deckt sie zu und schreibt die Wörter auswendig daneben. Es kann nun selbstständig vergleichen, ob jetzt alle Wörter richtig geschrieben wurden. Falls nicht, wird dieser Vorgang wiederholt, bis die Schreibweise „sitzt".

In den Texten sind die Stellen in den Wörtern farbig hervorgehoben, die vorrangig zu dem genannten Rechtschreibthema gehören. Wenn hier viele Fehler gemacht wurden, sollten Sie dieses Thema gezielt weiterüben.
Wiederholen Sie ein Diktat, das noch etliche Fehler enthielt, ein paar Tage später.

Wie können die Rechtschreibleistungen noch verbessert werden?

Ein Kind, das viel liest, wird nebenbei auch sicherer in der Rechtschreibung. Erkunden Sie gemeinsam die Stadtbücherei: Dort gibt es viel Lesestoff, auch Zeitschriften oder Comics.

Kindern macht es oft Spaß, einen Text mit dem Computer zu schreiben. Auch das trainiert.

Es gibt zudem spezielle Rechtschreibsoftware, mit der man am Computer üben kann. Erkundigen Sie sich im Buchhandel oder fragen Sie die Deutschlehrerin.

Eine Lernwörterkartei ist eine weitere sinnvolle Übungsmöglichkeit. Sie brauchen einen Karteikasten mit passenden Kärtchen und fünf größeren Fächerkarten. Das Kind sammelt zunächst die schwierigen Wörter, die jeweils auf einer Karte stehen. Zum Üben nimmt es ein paar heraus, schaut sich jedes Wort an, dreht die Karte um und schreibt das Wort auf. Ist es richtig, wandert die Karte in das folgende Fach. Ist es falsch, bleibt die Karte im ersten Fach. Wenn das erste Fach durchgearbeitet wurde, wird das nächste Fach überprüft. Das geht so weiter, bis die Karte das letzte Fach erreicht hat und das Wort „sitzt".

Gute grammatische Kenntnisse helfen Ihrem Kind bei der richtigen Schreibung. Wer ein Nomen erkennt, kann die Regel anwenden, dass Nomen großgeschrieben werden. Nutzen Sie eine Lernhilfe zu diesem Thema, wenn Ihr Kind hier Schwierigkeiten hat.

Schwierige Wörter kann Ihr Kind auch auf diese Weise üben:
- mit dem Finger in die Luft schreiben
- laut buchstabieren
- sich mit geschlossenen Augen das Wort vorstellen
- das Wort im Gehen vor sich hin buchstabieren
- den Rhythmus des Wortes klatschen
- 10 Wörter nach dem Alphabet ordnen
- Sätze mit je einem oder mehreren schwierigen Wörtern bilden
- Fremdwörter und ihre deutsche Entsprechung in ein Vokabelheft eintragen

Richtig schreiben lernt man durch Schreiben. Ermutigen Sie Ihr Kind, bei jeder Gelegenheit kleine Alltagstexte zu schreiben, ob eine Einkaufsliste, einen Brief, eine E-Mail oder eine Unsinnsgeschichte. Und schauen Sie dann nicht vorrangig auf Fehler, sondern loben Sie auch die Idee.

Nutzen Sie geeignete Spiele für die Verbesserung der Rechtschreibkenntnisse, z. B. Scrabble, Kreuzworträtsel, Buchstabenspiele, Stadt-Land-Fluss.

Viel Spaß und Erfolg!

Marion Clausen
(Autorin)

Dorothee Raab
(Herausgeberin)

I Groß- und Kleinschreibung

1 Was ist das?

Fast jeder hat es. | Es kann lang oder kurz sein, | glatt oder lockig. | Manche Menschen verdienen ihr Geld damit, | es besonders schön zu machen. | Es kann verschiedene Farben haben | und auch die Farbe wechseln. | Obwohl es sehr dünn ist, | hält es jahrelang. | Fällt es mal aus, | wächst es wieder nach. | Meistens jedenfalls! *(Das Haar)*

(57 Wörter)

2 Lieber Sohn!

Ich schreibe dir* diesen Brief, | damit du weißt, | dass ich noch lebe. | Ich schreibe langsam, | weil ich weiß, | dass du nicht schnell lesen kannst. | Wenn du wieder mal | nach Hause kommst, | wirst du unsere Wohnung | nicht mehr erkennen, | wir sind nämlich umgezogen. | Ich wollte euch noch Geld mitschicken, | aber ich hatte den Brief | schon zugeklebt. |

Deine Mutter

(59 Wörter)

*(*In Briefen können die Anredepronomen* du *und* ihr *mit den dazugehörigen Formen auch großgeschrieben werden.)*

3 Die schwimmende Kartoffel

Du brauchst ein Glas mit Wasser | und eine kleine Kartoffel | sowie Salz. | Lege die Kartoffel in das Glas. | Was geschieht? | Die Kartoffel geht bestimmt unter. | Jetzt rührst

du | vier Löffel voll Salz | in das Wasser, | bis alles aufgelöst ist. | Nun kann die Kartoffel | plötzlich schwimmen! | Salziges Wasser trägt besser. | Das ist auch | beim Schwimmen im Meer so.
(60 Wörter)

4 **Spannendes Erlebnis**

Anna vergräbt hinten im Garten | eine Schachtel. | Ihr Bruder Karl | beobachtet sie heimlich dabei. | Die Entdeckung lässt ihm keine Ruhe. | Zu gern möchte er wissen, | was in der Schachtel ist. | Soll er Anna einfach danach fragen? | Das möchte sie bestimmt nicht! | Er weiß, | dass es eine große Gemeinheit wäre, | wenn er ohne sie nachsehen würde. | Aber wie lüftet er nun das Geheimnis?
(64 Wörter)

5 **Die gute und die schlechte Nachricht**

Zwei Möbelpacker müssen ein Klavier | in den zehnten Stock eines Hauses schleppen. | Unterwegs kommen sie sehr ins Schwitzen. | Auf einmal sagt der eine: | „Ich habe eine gute und eine schlechte Nachricht für dich. | Zuerst die gute: | Wir sind schon im neunten Stock." | Der andere Mann freut sich | und will gleich die schlechte Nachricht wissen. | Der erste antwortet: | „Wir sind im falschen Haus!"
(67 Wörter)

6 **Wünsche an die Schule**

Der Unterricht fängt morgens | erst um 9 Uhr an. | Immer, wenn jemand etwas nicht kann, | wird es ihm geduldig erklärt. | Jeder Schüler kann in Ruhe | seine Arbeit zu Ende bringen. | Das Auslachen von Mitschülern ist verboten. | Keine Klasse | hat mehr als 15 Kinder. | Die Neuen werden

herzlich | willkommen geheißen. | Zum Üben gibt es genug Zeit | in der Schule. | Die meisten Hausaufgaben können wegfallen!
(67 Wörter)

7 Kartoffeln aus dem Ofen

Kartoffeln schmecken lecker | und sind gesund. | Du kannst sie ganz einfach | im Backofen backen. | Bürste zuerst die Kartoffeln | unter fließendem Wasser ab. | Lege jede Kartoffel | auf ein Stück Silberfolie. | Streue Salz und ein bisschen Pfeffer darauf. | Wickle die Kartoffeln in die Folie ein | und lege die Päckchen auf ein Backblech. | Das schiebst du zum Backen | in den 200 Grad heißen Backofen. | Nach 45 Minuten sind die Kartoffeln gar. | Vorsicht beim Herausnehmen! | Die Meisten* mögen dazu Butter, | Quark oder saure Sahne.
(84 Wörter)

*(*Das Zahladjektiv kann bei substantivischem Gebrauch großgeschrieben werden; seine Kleinschreibung wäre hier aber kein Fehler.)*

8 Die Wale retten

Sehr geehrte Damen und Herren! |
Wir wenden uns heute an Sie, | weil wir uns Sorgen um die Wale machen. |
Eine Walfangflotte ist wieder | im Walschutzgebiet | in der Antarktis* unterwegs. | Wir möchten Sie darüber informieren, | dass die Finnwale* durch den Walfang | schon fast ausgerottet sind. | Sie stehen auf der Roten Liste | der bedrohten Tierarten. |
Darum bitten wir Sie dringend, | sich gemeinsam mit uns | für

ein Ende des Walfangs einzusetzen. | Wir können Ihnen | weitere Unterlagen zuschicken | und hoffen, | dass Sie unsere Arbeit unterstützen. |

Mit freundlichen Grüßen |
Die Kinder der Umweltschutzgruppe
(91 Wörter)

*(*diese Wörter können buchstabiert werden)*

9 Der dicke Riese im Garten

Hast du ein Beet im Garten? | Wie wäre es mit einem Kürbis? | Er schafft es in wenigen Monaten | von einem kleinen Samenkorn | zu einem dicken Riesen. | Du brauchst einen sonnigen Platz. | Um den 15. Mai steckst du dort | zwei Samenkörner in die Erde. | Nun musst du regelmäßig gießen. | Bald kommen die großen gelben Blüten. | Dann wächst die Kürbisfrucht. | Wenn sie dick und schwer wird, | legst du am besten etwas Stroh | oder ein Brett darunter, | damit sie von unten nicht fault. | Im Herbst ist der Kürbis reif. | Höhle ihn aus | und schneide eine gruselige Fratze hinein. | Aus dem weichen Inneren | kochst du eine Kürbissuppe.
(108 Wörter)

10 Am Meer

Die meisten Menschen mögen das Meer. | Darum verbringen viele dort ihre Ferien. | Nach der langen Anreise | können es die Kinder kaum erwarten, | ans Wasser zu kommen. | Wie wird es heute sein? | Manchmal hört man schon von ferne | das Rauschen des Meeres | oder das heisere Schreien der Möwen. | Es weht hier immer ein Wind. | Die Luft schmeckt nach Salz. | Das kommt vom Meerwasser. |

Jedes Mal ist es ein besonderes Erlebnis, | wenn man das Meer sieht. | Vielleicht schlägt es | in kleinen Wellen an den Strand | und glitzert blau in der Sonne. | Oder es tanzen überall | weiße Schaumkronen | und man kann sich in die Brandung werfen. | Kleine Kinder mögen | das Buddeln im Sand. | Die größeren spielen Ball, | schwimmen oder lassen sich | von der Sonne bescheinen. | Aber Vorsicht vor gefährlichen Verbrennungen! | Das Einreiben mit Sonnenmilch schützt. | Am besten trägt man am Strand | einen Sonnenhut und ein luftiges Hemd.
(146 Wörter)

Die liegende Acht

Diese Übung macht Spaß und ist angenehm für deine Augen. Du kannst dich anschließend besser konzentrieren.

Stell dich aufrecht hin. Strecke deinen rechten Arm in Augenhöhe gerade vor dir aus. Bilde eine lockere Faust mit hochgerecktem Daumen. Bewege jetzt den ausgestreckten Arm so, dass er eine große liegende Acht in die Luft malt. Dein Kopf bleibt ganz ruhig, nur die Augen verfolgen den Daumen genau auf seinem Weg. Nach einer Minute wechselst du den Arm.

Zungenbrecher

Kannst du diese Zungenbrecher ganz schnell drei Mal hintereinander aufsagen, ohne dich zu versprechen?

Wenn Fliegen hinter Fliegen fliegen,
fliegen Fliegen hinter Fliegen her.
Zehn zahme Ziegen zogen zehn Zentner Zucker zum Zoo.

Hast du Lust, Rufus bunt anzumalen?

II Einfacher oder doppelter Konsonant

11 Der wertvolle Hampelmann

Leo besucht Anton | heute Nachmittag zum ersten Mal. | Anton zeigt Leo sein Zimmer. | An einer Wand hängt ein großer Hampelmann. | So einen hat Leo noch nie gesehen. | Anton sagt, | dass er sehr alt und wertvoll ist. | Als Anton kurz das Zimmer verlässt, | zieht Leo schnell an der Schnur. | Lustig tanzt die Pappfigur auf und ab. | Plötzlich reißt die Schnur. | Leo bekommt einen Schreck. | Was soll er jetzt tun?
(71 Wörter)

12 Buchenblätter kann man essen

Wenn im Frühling | die ersten hellgrünen Buchenblätter wachsen, | solltest du einige pflücken. | Allerdings nur von einem Baum, | der nicht an einer Straße steht. | Wasche sie, | schüttle die Wassertropfen ab | und schneide die Blätter mit dem Messer klein. | Dann legst du sie auf ein Butterbrot. | Das schmeckt lecker. | Du kannst sie auch wie Schnittlauch | über einen Salat streuen | oder in einer Schüssel mit Quark, | Pfeffer und Salz vermischen. | Guten Appetit!
(73 Wörter)

13 Im Pferdestall

Nur in einem sauberen, hellen Stall | bleibt ein Pferd gesund. | Darum muss täglich ausgemistet werden. | Mit einer Mistgabel werden Pferdeäpfel | und das nasse, schmutzige Stroh | auf eine Schubkarre geladen. | Dann kommt sauberes

Stroh auf den Boden. | Pferde brauchen immer frisches Wasser. | Es muss regelmäßig aufgefüllt werden. | Im Sommer fressen die Pferde | das Gras auf der Weide. | Im Winter wird Heu gefüttert. | Wenn ein Pferd viel geritten wird, | braucht es zusätzlich Kraftfutter.
(73 Wörter)

14 Alte Reime

Das Spinnrad |
Dreh dich, | dreh dich, | Rädchen, |
spinne mir ein Fädchen, |
viele hundert Meter lang! |
Fleißig muss man spinnen, |
wir brauchen frisches Linnen*. |
Wir brauchen Tücher, | Betten, Kissen. |
Alle Tage wird was zerrissen. |

*(*Linnen ist ein altes Wort für Leinen. Dieses Wort kann buchstabiert werden.)*

Ein Huhn, das fraß, |
man glaubt es kaum, |
ein Blatt von einem Gummibaum. |
Dann ging es in den Hühnerstall |
und legte einen Gummiball. |

Lass das, |
meine Mutter hasst das. |
Mein Vater liebt das. |
Bei dir piept was! |
(Volksgut)
(insgesamt 73 Wörter)

15 Spinnen

Am Sonntag entdeckte ich | im Garten ein Spinnennetz. | Ich finde Spinnen immer eklig. | Darum rannte ich weg | und rief meine Mutter. | Zusammen mit ihr | traute ich mich wieder heran. | Sie besprühte das Netz | vorsichtig mit Wasser, | damit ich es besser sehen konnte. | Es funkelte wunderschön in der Sonne. | Eine Fliege zappelte im Netz. | Meine Mutter erklärte mir, | dass Spinnen nützlich sind. | Sie fressen Mücken und andere Insekten. | Jetzt gefallen sie mir viel besser!

(74 Wörter)

16 Spiel mit Schneebällen

Wenn draußen Schnee gefallen ist, | kannst du mit deinen Freunden | dieses Spiel spielen. |

Zuerst rollt ihr | ein paar dicke Schneebälle zusammen | und legt sie auf eine Mauer | oder eine Mülltonne | oder ihr steckt sie auf Zaunlatten. | Jetzt versuchen alle Mitspieler nacheinander, | mit kleineren Schneebällen | die großen zu treffen. | Für jeden Treffer gibt es einen Punkt. | Das Spiel endet, | wenn alle Schneebälle abgeworfen sind. | Wer zum Schluss | die meisten Punkte gesammelt hat, | ist der Gewinner. | Dann beginnt das Spiel von vorn.

(83 Wörter)

17 Der wilde Hund

Ein wilder Hund | fror im Winter jämmerlich. | Er kroch in eine Höhle, | rollte sich zusammen, | zitterte vor Kälte | und sprach vor sich hin: | „Wenn es nur wieder Sommer | und warm wird, | dann will ich mir eine Hütte bauen, | damit ich im nächsten Winter | nicht mehr frieren muss.“ |

Als aber der Sommer mit seiner Wärme kam, | hatte er seine

guten Vorsätze vergessen. | Er lag da, reckte sich | und blinzelte in die Sonne. | Er dachte nicht mehr daran, | sich eine Hütte zu bauen. | Der nächste Winter war so bitterkalt, | dass der Hund erfrieren musste.
(nach Äsop)
(93 Wörter)

18 Rätsel

Vier Männer und Frauen | wandern durch den Wald. | Sie kommen an einen Fluss. | Wenn sie hier | auf die andere Seite gelangen könnten, | wären sie viel schneller am Ziel. | Da treffen sie zwei Kinder | mit einem Gummiboot. | Ist das vielleicht die Rettung? | Leider trägt das Boot | immer nur einen Erwachsenen | oder zwei Kinder. | Wie schaffen sie es an das andere Ufer? |

Lösung: | Die zwei Kinder fahren | mit dem Boot an das andere Ufer. | Ein Kind steigt aus, | das andere bringt das Boot zurück. | Nun fährt der erste Wanderer allein hinüber. | Das Kind von drüben | kommt mit dem Boot zurück. | Dann kann die nächste Wanderin | allein hinüberfahren. | So geht es immer wieder hin und her, | bis alle am anderen Ufer sind. | Toll!
(121 Wörter)

(Mit einer kleinen Skizze kann man die Lösung leicht nachvollziehen.)

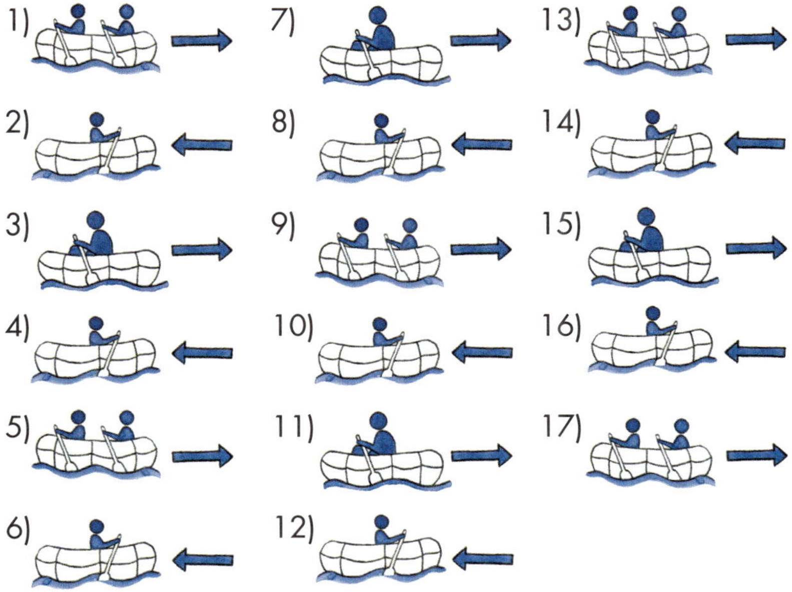

19 **Der Steinmarder**

Der Steinmarder ist ungefähr | so groß wie eine Katze, | aber schlanker. | Er hat braunes Fell | mit einem weißen Fleck auf der Brust. | Sein Schwanz ist lang und struppig. | Immer häufiger findet man den Marder | auch mitten in der Stadt. | Vor allem in kühlen Nächten | klettert er gern in den gemütlich warmen | Motorraum von Autos. | Neugierig untersucht er seine Umgebung. | Er beschnuppert alles | und knabbert gern weiches Gummi an. | Dabei hinterlässt er oft kaputte Schläuche. | Am nächsten Morgen | springt dann das Auto nicht mehr an. |

Am Tag schläft der Marder auf Dachböden, | in Lagerhallen oder Schuppen. | Wenn es draußen dämmert, | geht er auf die Jagd. | Er frisst fast alles: | Vogeleier, Pilze, | Obst und Kleintiere. | Manchmal stöbert er auch | in den Abfällen einer Mülltonne.

(124 Wörter)

20 Alte Bauernregeln

Bauern passen schon immer | genau auf das Wetter auf. | Wann scheint die Sonne? | Wann ist es draußen | zu nass oder zu trocken? | Das spielt eine wichtige Rolle, | damit die Pflanzen | auf den Feldern gut wachsen können. | Im Laufe der Zeit | stellten die Bauern Regeln zusammen, | mit denen man das Wetter | vorherbestimmen kann. |

Wenn zum Beispiel | all dies passiert, | soll das Wetter gut werden: |
Die Grillen zirpen am Abend. |
Der Wind kommt aus Osten. |
Die Luft flimmert. |
Der Himmel färbt sich abends rot. |

Wenn du aber dies bemerkst, | kann es bald schlechtes Wetter geben: |
Die Hunde fressen Gras. |
Der Himmel ist am Morgen rot. |
Die Schnecken kriechen aus ihren Verstecken. |
Die Gänseblümchen öffnen ihre Blüten auch am Tag nicht. |
Die Schwalben fliegen tief. |
(124 Wörter)

Wie kommt Rufus zum Ball?

Suche zuerst mit den Augen einen Weg und fahre ihn dann mit einem Stift nach!

Sportarten

Rufus hat sich ein Buchstabenrätsel ausgedacht. Wenn du die Buchstaben aus jedem Kasten in die richtige Reihenfolge bringst, erfährst du, um welche Sportart es sich jeweils handelt. Das, was Rufus gerade macht, ist übrigens nicht dabei. Welcher Sport macht dir denn am meisten Spaß?

III Wörter mit *k* oder *ck* und *z* oder *tz*

21 Wer hört zu?

Der Lehrer erklärt seit zwanzig Minuten | etwas über Satzglieder. | Dabei hebt er kaum den Blick | und spricht ziemlich leise. | Die Kinder sitzen an ihren Plätzen | und flüstern miteinander. | Plötzlich meckert jemand in der letzten Reihe: | „Lauter bitte!“ | Erschrocken meint der Lehrer: | „Ich wusste ja nicht, | dass jemand zuhört!“ |
(51 Wörter)

22 Kalter Hund

So heißt ein leckerer Kuchen, | für den man keinen Backofen braucht. | Eine kleine Kastenform | wird mit Butterkeksen ausgelegt. | Darauf streicht man eine Masse | aus geschmolzener Schokolade und Kokosfett, | die wieder mit Keksen abgedeckt wird. | Das wird wiederholt, | bis die Form ausgefüllt ist. | Im Kühlschrank | kann der Kuchen fest werden. | Er schmeckt prima!
(54 Wörter)

23 Die Gäste der Buche

Mietegäste vier im Haus |
hat die alte Buche. |
Tief im Keller wohnt die Maus, |
nagt am Hungertuche. |
Stolz auf seinen roten Rock |

und gesparten Samen |
sitzt ein Protz im ersten Stock. |
Eichhorn ist sein Name. |
Weiter oben hat der Specht |
seine Werkstatt liegen. |
Hackt und zimmert kunstgerecht, |
dass die Späne fliegen. |
Auf dem Wipfel im Geäst |
pfeift ein winzig kleiner |
Musikante froh im Nest. |
Miete zahlt nicht einer.

(Rudolf Baumbach)

(72 Wörter)

24 Mit dem Körper sprechen

Die Katze benutzt ihren Schwanz | bei weiten Sprüngen zum Steuern. | Aber sie drückt damit | auch ihre Stimmung aus. | Ist sie ganz zufrieden, | hängt der Schwanz einfach herunter. | Bei großer Freude streckt sie ihn hoch | und die Spitze ist leicht umgebogen. | Manchmal zittert die Spitze dabei. | Bewegt die Katze den Schwanz | heftig von einer zur anderen Seite, | zeigt das ihren Unmut. | Schnellt der Schwanz | dann plötzlich hoch, | ist sie stark gereizt und greift an.

(77 Wörter)

25 Advent, Advent

Die letzten vier Wochen | vor dem Weihnachtsfest | gehören zum Advent. | Das Wort kommt | aus der lateinischen Sprache | und bedeutet „Ankunft". | Damit ist die Ankunft | von Jesus Christus gemeint. | Seine Geburt | wird am Ende der Adventszeit | mit dem Weihnachtsfest gefeiert. | Jetzt ist die dunkelste Zeit des Jahres. | Da passt es ganz gut, | wenn Kerzen und Lichterketten | zusätzliches Licht in den Tag bringen. | Den Adventskranz | mit den vier Kerzen, | wie wir ihn kennen, | gibt es übrigens | erst seit 1920.
(79 Wörter)

26 Der kranke Stoßzahn

Die Elefantenkuh in einem Tierpark | benahm sich plötzlich zickig. | Sie schien Schmerzen zu haben. | Zum Glück merkte ihr Wärter, | dass ein Stoßzahn | nicht in Ordnung war. | Er holte einen Zahnarzt. | Zuerst betäubte der Arzt das kranke Tier. | Jetzt konnte er alles | in Ruhe untersuchen. | Er entdeckte eine schlimme Entzündung. | Der Stoßzahn musste raus! | Dazu benutzte der Zahnarzt | eine Kettensäge und einen Pressluftbohrer. | Nach zwei Stunden harter Arbeit | war es geschafft, | und der Doktor konnte | sein Werkzeug wieder einpacken.
(81 Wörter)

27 Rezept für Salzteig

Zutaten: 1 Tasse Mehl, |
1 Tasse Salz, |
etwa zehn Esslöffel Wasser |

Alle Zutaten verknetest du kräftig | in einer Schüssel miteinander, | bis eine glatte Masse entsteht. | Ist der Teig zu trocken, | bekommt er noch mehr Wasser. | Ist er zu feucht, | gib noch etwas Mehl dazu. |
Aus Salzteig kannst du Figuren | oder Bilder formen. | Die fertigen Werke | werden im Backofen 30 Minuten | bei 150°C gebacken. | Wenn sie ausgekühlt sind, | kannst du sie mit Lackfarbe bemalen. | Dann werden sie schön bunt und glänzen. | Ist das nicht auch | eine gute Geschenkidee?
(90 Wörter)

28 Das Frühstück

Die Klinke der Schlafzimmertür | wird vorsichtig heruntergedrückt. | Der kleine Markus | trägt ein Tablett herein | und stellt es auf der Bank ab. | Dann weckt er die Eltern. | „Ich bringe das Frühstück", | verkündet er stolz. | Auf dem Tablett stehen | zwei Tassen Kaffee | und ein Becher Kakao. | Auf einem Holzbrett | liegen Brötchen und Knäckebrot | mit Käse, | Schinken und Quark. | Die Eltern schieben die Bettdecke | ein Stück an die Seite. | Jetzt haben Markus | und das Tablett hier Platz. | Zufrieden frühstücken sie miteinander | und stören sich gar nicht | an den Krümeln im Bett.
(90 Wörter)

29 Die kleinen und die großen Fische

Es lebte tief im dunklen Meer | ein Schwarm großer Fische. | Sie waren sehr stolz | auf ihre Größe, | und sie ärgerten gern | die kleinen Fische. | „Ach, ihr nutzlosen Wesen“, | lästerten sie, | „ihr seid so unscheinbar, | dass man euch kaum sieht.“ | Manchmal taten sie auch so, | als wollten sie die kleinen Fische beschützen. | Dann meinten sie: | „Ihr seid ja so winzig, | dass ihr allein | den Tücken des Meeres | nicht gewachsen seid.“ |
Einmal warfen die Fischer | ihre Netze ins Meer. | Da waren die großen Fische | plötzlich gefangen. | Die kleinen hingegen | konnten sich alle retten, | denn sie schlüpften einfach | durch die Maschen des Netzes hindurch. | Erst jetzt entdeckten sie, | dass es gar kein Unglück sein muss, | klein zu sein.
(nach Äsop)
(121 Wörter)

30 Der Bart des Zwerges

Es war einmal ein alter Zwerg. | Wie alle Zwerge war er ganz stolz | auf seinen langen Bart. | Er bürstete ihn jeden Tag, | bis er fein glänzte. | Eines Tages spazierte der Zwerg | durch den Wald | und suchte Pilze. | Da stolperte er unglücklich | über eine Baumwurzel | und fiel hin. | Dabei benetzte Baumharz | seinen Bart. | Der Zwerg war untröstlich | über die klebrigen Stellen, | die er nicht mehr auskämmen konnte. | Musste er wirklich | den Bart abschneiden? |

Es gibt drei mögliche Lösungen: |

1. Ein Zauberer hilft ihm. | Er zaubert einfach die klebrigen Stellen weg. |

2. Der Zwerg schneidet den Bart ab. | Nun sieht er so gut aus, | dass alle jungen Zwerge | es ihm nachmachen. | Seitdem tragen Zwerge keinen Bart mehr. |
3. Der Zwerg knetet Fett in das Harz. | Jetzt lässt es sich | aus den Barthaaren entfernen. | Dann wird der Bart | nur noch gründlich gewaschen. | Dieser Tipp klappt auch | bei Kaugummi im Haar!

(151 Wörter)

Streichholz-Kniffelei

Lege diese Figur mit neun Streichhölzern nach. Jetzt darfst du nur zwei Hölzchen umlegen, damit aus drei Dreiecken vier Dreiecke werden! Probiere es aus.

Wortschlange

Rufus ist sehr stolz: Er hat sich ein superlanges Wort ausgedacht. Er weiß nur noch nicht, was es bedeuten soll. Ist es der Name für einen Menschen, für eine Maschine oder heißt ein Tier so? Was fällt dir dazu ein?

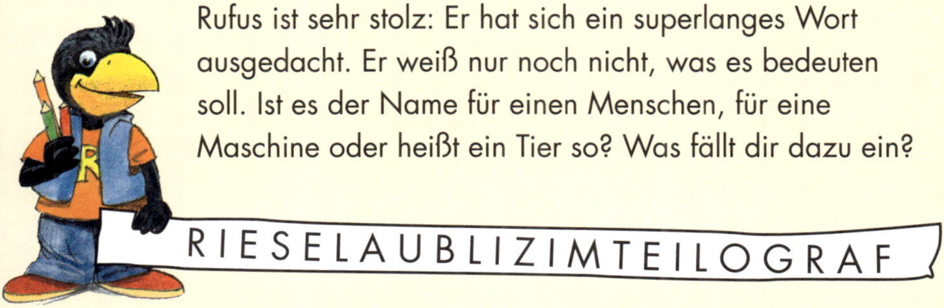

Auf jeden Fall sind viele kürzere Wörter darin versteckt.
Wie viele findest du ohne Umstellen der Buchstaben?

Riese,

Wenn du die Buchstaben umstellen darfst, kannst du noch mehr Wörter bilden:

(ich) lese,

IV Wörter mit *ä* oder *e*, *äu* oder *eu*

31 Was ist denn hier los?

Neunzehn heulende Teufel | scheuchten neunzehn neugierige Leute | um ein teuflisches Feuer. |

Neulich schleuderten | meine neuen treuen Freunde | neun säuerliche Pfläumchen | in die Sträucher. |

Später scheuchte der Bär | den Käfer vom Käse, | steckte den Speck | zwischen die Zähne | und räumte geräuschvoll das Feld.
(47 Wörter)

32 Bei Gewitter

Ein kräftiges Gewitter tobt. | Die Tiere in der Scheune sind unruhig. | Selbst die Mäuse | verstecken sich ängstlich | unter dem Heu. | Die Pferde tänzeln aufgeregt | in ihren Boxen. | Ein Blitz erleuchtet den Raum. | Irgendwo in der Ferne kracht es. | Allmählich lässt der Lärm nach. | Das Gewitter zieht weiter.
(49 Wörter)

33 Mäuseplage in China

Ein gefährliches Hochwasser | hat eine echte Mäuseplage ausgelöst. | „Mehr als zwei Milliarden Mäuse | fliehen aus den überschwemmten | Ufergebieten der Flüsse“, | erklärte

ein Experte. | Nun fressen die Mäuse | die Felder der Bauern leer. | Kaum ein Pflänzchen bleibt stehen. | Die Einwohner versuchen, | die Räuber durch den Bau | von Mauern, | Zäunen und Gräben abzuwehren. | Für die nächsten drei Tage | werden weitere Regenfälle erwartet.
(63 Wörter)

34 Besichtigung im Schloss

Eben waren die Schlossbesucher | noch hier gewesen. | Die Führerin hatte ihnen | die Geschichte des alten Gebäudes erklärt. | Aber jetzt scheint niemand | mehr da zu sein. | Ängstlich läuft Laura | durch die großen Räume. | Dabei hatte sie sich nur | das Gemälde mit dem Bären | genau anschauen wollen. | Ist da nebenan nicht ein Geräusch? | Da tauchen auch schon | ihre Freunde Max und Leo auf. | Selten hat sich Laura so gefreut, | sie zu sehen.
(73 Wörter)

35 Waldbrandgefahr

Gestern Nachmittag | rückte die Feuerwehr aus, | nachdem ein Spaziergänger | gemeldet hatte: | „Am Waldrand brennt es!" | Tatsächlich entdeckten die Feuerwehrmänner, | dass mehrere Bäume und Sträucher | in Flammen standen. | Zum Glück war das Feuer schnell gelöscht. | Heute wird die Brandstelle genau untersucht. | Hauptsächlich zur Sommerzeit | vernichten Waldbrände immer wieder | große Flächen des kostbaren Waldes. | Die Feuerwehr rät dringend, | im Wald kein offenes Feuer zu machen, | nicht zu rauchen | und keine brennenden Gegenstände | aus dem Auto zu werfen, | wenn man durch ein Waldgebiet fährt.
(82 Wörter)

36 Ein Freundschaftsband

Heute kaufe ich Wolle | für neue Freundschaftsbänder. | Ich wähle drei Knäuel aus, | die die Verkäuferin in eine Tüte legt. | Damit schlendere ich durch die Verkaufsräume. | Plötzlich spricht mich ein Mädchen an | und deutet auf den Boden. | Ach, herrjeh! | Ein Knäuel fiel aus der Tüte | und wickelte sich unbemerkt ab. | Der Faden läuft um Tische und Verkaufssäulen. | Das Mädchen hilft mir, | ihn schnell wieder aufzuwickeln. | Zum Dank lade ich sie zu einem Eis ein. | Wer weiß, | vielleicht habe ich ja | eine neue Freundin gefunden?
(85 Wörter)

37 Nützlicher Rüssel

Ständig wandert der afrikanische Elefant | mit seiner Herde umher. | Dabei bestimmt das älteste weibliche Tier den Weg. | Unterwegs fressen sie Gräser, | Rinden und Zweige. | An einer Wasserstelle | saugen die Elefanten | das Wasser in ihren Rüssel | und spritzen es dann in ihr Maul. | Sie benutzen den Rüssel auch, | um ihre Kräfte zu messen | oder um sich zu begrüßen. | Mit ihm bewerfen sie sich mit Staub. | So schützen sie ihre Haut | vor gefährlichen Sonnenstrahlen | und vor Insektenstichen. | Wenn der Elefant müde ist, | legt er seinen Rüssel | einfach auf den Stoßzähnen ab.
(91 Wörter)

38 Die Eule auf Jagd

In dem alten Gemäuer der Burg | wohnt eine Eule. | Tagsüber schläft sie in ihrem Versteck. | Aber bei Einbruch der Dämmerung | hört man ihr Geheul. | Durch ihre großen Augen | kann sie auch bei schwächstem Licht | etwas sehen. | Lautlos fliegt sie zwischen den Bäumen | durch den

Wald | auf der Suche nach fetter Beute. | Da hört sie unter sich | ein raschelndes Geräusch. | Mit weit vorgestreckten Fängen | stürzt sich die Eule | auf eine Waldmaus, | die den Vogel viel zu spät bemerkt | und nicht mehr flüchten kann. | So wie ihr ergeht es | noch einigen Mäusen in dieser Nacht. | Dann kehrt die Eule | gesättigt in ihre Burg zurück.
(106 Wörter)

39 Auf dem Bauernhof

In den ersten Bauernhäusern | lebten Menschen und Tiere | zusammen in einem Raum. | Später teilte man | die Wohnräume der Menschen | von den Ställen ab. | Heute werden die Wirtschaftsgebäude | meist getrennt vom Wohnhaus gebaut. | Zu ihnen gehören die Ställe für das Vieh, | die Scheune, | in der Heu, | Futter, | Dünger und die Ernte aufbewahrt werden, | und der Geräteschuppen | für die Werkzeuge und Maschinen. |
In der Nähe des Hauses | liegt der Bauerngarten, | in dem das Obst und Gemüse wachsen. | Außerdem gehören noch Felder, | Wiesen und manchmal sogar Wälder | zu einem Hof. | Einige Bauern bieten | Gästezimmer für Urlauber an. | Vor allem Kinder freuen sich | über die Tiere in den Ställen | oder sie schauen zu, | wie ein Mähdrescher arbeitet.
(116 Wörter)

40 Angst vor Quallen?

Manchmal liegen an den Stränden Häufchen, | die an Wackelpudding erinnern. | Dies sind Quallen, | die auf den Sand gespült wurden. | Quallen gehören zu den Nesseltieren. | Das bedeutet, | dass ihre Fangfäden | winzige Blasen haben, | die mit einem Nesselgift gefüllt sind. | Bei Berührung betäuben sie | damit ihre Opfer, |

hauptsächlich kleinere Fische. | Für Menschen sind nur wenige Arten gefährlich, | zum Beispiel die Seewespe, | die in den Gewässern | vor Australien lebt. | Eine Berührung mit Feuerquallen, | die auch in Ost- und Nordsee vorkommen, | kann allerdings schmerzhaft sein. | Am besten bestreut man die Stelle mit Sand | und schabt die klebrigen Fäden | mit einem stumpfen Gegenstand ab. | Auf keinen Fall mit Süßwasser abwaschen! | Wenn die Haut stark brennt, | sollte man sich ärztlich versorgen lassen.
(119 Wörter)

Zahlenspiel

Verbinde jeweils drei Zahlen mit einer Linie so miteinander, dass deren Summe 12 ergibt. Es gibt mehrere Möglichkeiten; nimm für jede eine andere Farbe.

Die Heuschrecke

Hast du Lust auf ein wenig Bewegung? Dann lege dich auf den Bauch, die Beine eng beieinander, die Stirn liegt auf. Balle deine Hände zu Fäusten und lege sie unter deine Oberschenkel. Jetzt hebst du die geschlossenen Beine langsam nach oben, so weit du es schaffst. Kopf und Schultern bleiben am Boden. Halte diese Stellung für einen Moment und atme ruhig weiter. Dann sinken die Beine wieder auf den Boden und du kannst dich ausruhen.

Rufus hat leider Schwierigkeiten mit dieser Übung; sein Schnabel ist immer im Weg, wenn er den Kopf auflegen will. Dabei ist er dann glatt eingeschlafen. Male ihn doch aus, wenn du magst!

V Lang gesprochene Vokale

41 Was ist das?

Sie hat Räder, | aber sie fährt nicht fort. | Sie geht, | bleibt aber am Ort. | Sie hat eine Feder, | aber schmückt sich nicht. | Kann Auskunft geben, | doch spricht sie nicht. | Sie hat keine Hände | und kann doch schlagen. | Man kann sie sogar | in der Tasche tragen. |

(Lösung: eine Uhr)

(51 Wörter)

42 Zungenbrecher

Acht alte Ameisen | aßen am Abend Ananas. |

Im Keller kühlt Konrad | Kohlköpfe aus Kassel. |

Zehn Ziegen ziehen | zehn Zentner Zucker zum Zoo, |
zum Zoo ziehen zehn Ziegen | zehn Zentner Zucker. |

Als wir noch in der Wiege lagen, |
gab es noch keine Liegewagen. |
Nun kann man in den Wagen liegen |
und sich in allen Lagen wiegen.

(56 Wörter)

43 Erdbeerquark

Man nehme für vier Personen | ungefähr ein Pfund Erdbeeren. | Ein paar legt man | erst einmal zur Seite. | Die übrigen werden | mit zwei Teelöffeln Zitronensaft | und zwei Esslöffeln Zucker püriert. | Nun verrührt man | ein kleines Schälchen Quark | mit dem Püree. | Dann wird ein Becher Sahne | steif geschlagen | und unter den Erdbeerquark gehoben. | Die restlichen Erdbeeren schneidet man klein | und mischt sie ebenfalls | mit dem Quark. | Guten Appetit!
(67 Wörter)

44 Würfelersatz

Für viele Spiele brauchst du einen Würfel. | Wenn du mal keinen findest, | nimm einfach sechs Walnusshälften. | Diese werden gleichzeitig geworfen. | Für jede Nuss, | die mit der runden Seite nach oben | auf dem Tisch liegt, | wird ein Punkt gezählt. | Genau so geht es | auch mit Muschelhälften | oder mit den Schalen von Pistazien. |
Du kannst auch sechs Geldmünzen nehmen. | Für jede Zahl, | die oben zu sehen ist, | gibt es einen Punkt.
(70 Wörter)

45 Verkehrte Welt

Des Abends, | wenn ich früh aufstehe, |
des Morgens, | wenn ich zu Bette gehe, |
dann krähen die Hühner, | dann gackert der Hahn, |
dann fängt das Korn | zu dreschen an. |

Die Magd, | die steckt den Ofen ins Feuer. |
Die Frau, | die schlägt drei Suppen in die Eier. |

Der Knecht, | der kehrt mit der Stube den Besen. |
Da sitzen die Bücher, | um die Kinder zu lesen!
(Volksgut)
(73 Wörter)

46 Was ist Schnee?

Schnee ist kein gefrorenes Wasser, | wie man vielleicht meinen könnte. | Wenn die Temperatur der Luft | null Grad beträgt | oder unter dem Gefrierpunkt liegt, | entstehen aus dem Wasserdampf | der Luft Eiskristalle. | Jedes davon sieht so aus | wie ein Stern mit sechs Strahlen. | Mehrere Eiskristalle vereinigen sich | und schweben als Schneeflocke zur Erde. | Unterwegs nehmen Schneeflocken | Staub- und Rußteilchen | aus der Luft mit. | Darum ist nach ausgiebigen Schneefällen | die Luft sehr rein.
(74 Wörter)

47 Im Sturm

Einmal fuhr Nasreddin Hodscha* | über das Meer, | als ein heftiger Sturm aufkam. | Das Boot wurde in den Wellen | hin- und her geworfen, | und schließlich riss sogar das Segel. |
Einige Männer kletterten auf den Mast, | um das Segel notdürftig | wieder zu befestigen. |
Nasreddin konnte nicht verstehen, | was sie dort machten. |
Er rief verzweifelt: | „Was tut ihr da? | Wenn ihr möchtet, | dass das Boot aufhört zu schaukeln, | solltet ihr es unten festbinden | und nicht an der Spitze!"
(76 Wörter)

*(*ein Held der türkischen Volksdichtung, der an Till Eulenspiegel erinnert; der Name kann beim Diktieren buchstabiert werden)*

48 Unglücklich verliebt

Ich habe ein Mädchen kennengelernt | und mich in sie verliebt. | Sie wohnt sogar in meiner Nähe. | Ich habe das Gefühl, | dass sie mich auch mag. | Am Montag war in ihrer Schule | ein Sportfest. | Ich nahm an, | dass ich sie dort treffen könnte. | Aber als ich ankam, | sah ich, | wie sie lange | mit einem anderen Jungen sprach. | Nun habe ich den Mut verloren, | ihr zu sagen, | dass ich sie gut leiden kann. | Was soll ich nur tun?

(78 Wörter)

49 Ein prima Bad

Für eine zarte Haut, | die sehr angenehm duftet, | brauchst du nur einen Liter Milch | und eine große Tasse Bienenhonig – | und natürlich eine Badewanne. | Gib die Milch in einen Topf | und erhitze sie vorsichtig. | Sie darf nicht kochen. | Löse den Honig | in der heißen Milch auf. | Dazu rührst du alles | mit einem Holzlöffel gut um. | Diese Mischung | kommt in dein Badewasser. | Entspanne dich darin | eine Viertelstunde lang | und schließe die Augen. | Danach fühlst du dich | wie neugeboren.

(79 Wörter)

50 Beim Flohzirkus

Ich war neulich auf dem Jahrmarkt | in einem Flohzirkus. | Auf einer kleinen Bühne, | so groß wie ein Schuhkarton, | zogen Flöhe eine Kutsche | oder sprangen einen Salto. | Der Zirkusdirektor erzählte, | dass er seine Tiere | genau beobachten muss. | Dann weiß er, | welcher Floh sich am besten | für welche Darbietung eignet. | Nach der Vorstellung | durften die Flöhe zurück | in ihre dunkle Schachtel, | wo sie sich am wohlsten fühlen. | Alle drei

Stunden | setzt der Direktor die Tiere | auf seine Arme, | damit sie sein Blut trinken können. | Wie sich das wohl anfühlt?
(89 Wörter)

51 Kaugummi

Bei Ausgrabungen haben Wissenschaftler | Klümpchen gefunden, | auf denen man Abdrücke | von Zähnen sehen konnte. Der älteste Fund ist wahrscheinlich | 9000 Jahre alt. | Offenbar haben schon die Steinzeitmenschen | Kaugummi gekaut. |
Damals nahm man dazu etwas Birkenharz. | Mit Honig vermischt schmeckte es süß. | Das Harz enthält Stoffe, | die Bakterien abtöten. | Man vermutet, | dass die Steinzeitmenschen dies wussten | und das Kaugummi gezielt | gegen Entzündungen eingesetzt haben. |
Heute wird Kaugummi | auch zur Zahnpflege verwendet. | Am besten wählt man zuckerfreie Sorten. | Durch das Kauen wird die Mundhöhle befeuchtet | und die Zähne werden gereinigt. | Das Putzen mit der Zahnbürste | darf trotzdem nicht fehlen!
(98 Wörter)

52 Bienen sind wichtig

Die Honigbienen fliegen von Blüte zu Blüte | und saugen ihre süßen Säfte auf. | Im Bienenstock werden sie in Honig verwandelt, | der den Bienen als Nahrung dient. | Für ein Kilogramm Honig | müssen Bienen eine Strecke zurücklegen, | die mehrmals um die ganze Erdkugel | führen würde. | Auf ihrer Suche nach Nektar | fliegen sie immer wieder | dieselbe Blütenart an, | bis diese verblüht ist. | Dadurch entsteht ein Honig, | der den besonderen Geschmack dieser

Pflanze hat, | zum Beispiel den lieblichen von Klee | oder den kräftigen von Löwenzahn. | Beim Sammeln bleibt etwas Blütenstaub | am Körper der Biene kleben. | Sie verliert ihn bei der nächsten Blüte | und hilft dadurch bei der Befruchtung der Pflanzen.
(107 Wörter)

53 Was schön wäre

Wenn der Lehrer mehr erklären würde. |
Wenn ich am Meer wohnen könnte. |
Wenn ich ein Tier haben dürfte. |
Wenn es heute zum Nachtisch Himbeereis gäbe. |
Wenn ich langes Haar hätte. |
Wenn der Zahnarzt nie mehr ein Loch fände. |
Wenn ich einen Bruder hätte. |
Wenn meine Oma mit mir in den Zoo ginge. |
Wenn ich mir die roten Schuhe holen dürfte. |
Wenn es in diesem Winter viel Schnee gäbe. |
Wenn mein Zeh endlich wieder heil wäre. |
Wenn meine Freundin keine Wut mehr auf mich hätte. |
Wenn ich Klavier spielen könnte. |
Wenn ich meinen Regenschirm | nicht in der Bahn vergessen hätte. |
Wenn ich jetzt keine Diktate mehr üben müsste. |
Und was wünschst du dir?
(115 Wörter)

54 Der Ohrwurm

Ohrwürmer gehören zu den Fluginsekten. | Meist sind die Flügel aber zurückgebildet | und die Tiere fliegen gar nicht mehr. | Der Hinterleib endet in einem Paar Zangen. | Diese werden bei der Jagd auf Beute | und für die Verteidigung

genutzt. | Manche erzählen, | dass Ohrwürmer schlafenden Menschen | ins Ohr krabbeln oder sie kneifen. | Dieses Märchen ist nicht wahr. | Ohrwürmer sind nicht gefährlich, | sondern sehr nützlich, | weil sie Blattläuse oder Raupen vertilgen. | Gärtner siedeln sie darum gern an, | um ihre Obstbäume zu schützen. | Dazu füllen sie Blumentöpfe | innen mit Holzwolle, | Stroh oder Moos | und stellen sie am Rand eines Beetes auf, | damit die Tiere ihre neue Wohnung beziehen können. | Anschließend hängen sie den Topf | mit der Öffnung nach unten in den Baum.
(119 Wörter)

55 Der Schneemann

Es war einmal ein stolzer Schneemann. | Er hatte einen Strohhut auf dem Kopf, | zwei Augen aus Kohle | und eine Möhre als Nase. | Lange stand er im Garten | und ließ sich bewundern. | Eines Tages spürte er, | dass es wärmer wurde. | Es lag kaum noch Schnee auf der Wiese. | Zu seinen Füßen breitete sich | eine schmale Pfütze aus. | Da bekam der Schneemann Angst. | Er wollte nicht schmelzen, | sondern für immer hier stehen bleiben. | Die Kohlmeise lachte ihn aus. | „Du kannst dich nicht dagegen wehren“, | sagte sie. | „Sei nicht doof!“ | Stur starrte der Schneemann vor sich hin | und gab keine Antwort. | Drei Tage später war die Pfütze | ein kleiner See geworden. | Der Schneemann sorgte sich sehr. | Was sollte nur aus ihm werden? | Da kam ein Mädchen in den Garten. | Sie stellte ein großes Tongefäß auf den Rasen. | Das sollte eine Badestelle für Vögel werden. | Sie schaufelte den Rest vom Schneemann | einfach dort hinein. | Bevor er endgültig schmolz, | dachte er: | „Nun haben wenigstens die Vögel ihren Spaß.“
(165 Wörter)

Luftballon-Rekord

Puste zwei Luftballons auf. Jetzt versuchst du mithilfe eines Federballschlägers, beide Ballons so lange wie möglich in der Luft zu halten. Schau auf die Uhr oder zähle jeden Schlag mit. Wenn du bis 10 kommst, ist das prima!

Mit dem Rücken an der Wand

Hast du einen Tennisball zur Hand? Dann klemme ihn zwischen die Wand und deinen Rücken. Nun bewegst du dich nach oben und unten und zu jeder Seite, ohne dass der Ball herunterfällt. Dabei massierst du deine Rückenmuskulatur. Fahre den ganzen Rücken genüsslich ab. Das tut gut!

Insektentempo

Erst selbst schätzen, dann auf den Lösungsseiten nachsehen. Übrigens, Rufus als Vogel war sehr beeindruckt!

a) Wie schnell fliegt eine Mücke?

b) Wie schnell fliegt eine Biene?

c) Wie schnell fliegt eine Libelle?

VI Wörter mit *b* oder *p*, *t* oder *d*, *g* oder *k*

56 Das Glücksrad

Dieses Spiel spielt man zu zweit. | Zeichnet zuerst einen Kreis mit neun Abschnitten | auf ein Blatt Papier. | Das sieht aus wie eine Torte mit neun Stücken. | Dann wählt jeder Spieler, | ob er als Zeichen ein X | oder ein O haben will. | Abwechselnd schreibt man nun | drei seiner Zeichen in die Kreisstücke. | Man verteilt sie in ein, | zwei oder drei Stücke. | Es gewinnt, | wer in das letzte freie Stück | ein oder mehrere Zeichen schreiben kann.
(76 Wörter)

57 Sieg beim Fußballquiz

Fußball ist auf der ganzen Welt | eine der beliebtesten Sportarten. | Lies aufmerksam die folgenden Fragen | und antworte richtig. |

a) Wie lang ist ungefähr das Spielfeld? |
b) Welche Regel gilt im Fußball als die schwierigste? |
c) Wie nennt man die zwei Spielhälften noch? |
d) Welcher Spieler darf den Ball | immer mit der Hand spielen? |
e) Wie oft finden Weltmeisterschaften statt? |
f) Welchen Spitznamen gab man | dem Fußballer Franz Beckenbauer? |
g) Wo fand die Fußballweltmeisterschaft 2006 statt?
(80 Wörter)

(a) etwa 100 Meter, (b) die Abseitsregel, (c) erste und zweite Halbzeit, (d) der Torwart, (e) alle vier Jahre, (f) „der Kaiser", (g) in Deutschland

58 Ein Regenbogen

Damit ein Regenbogen entsteht, | muss es bei Sonnenschein regnen. | Das Sonnenlicht fällt | auf die Wassertröpfchen des Regens | und wird dort | in seine farbigen Bestandteile zerlegt. | Darum sieht man dann Streifen | in den Farben Rot, | Gelb, Grün, | Blau und Violett. | So kannst du selbst | einen Regenbogen entstehen lassen: | Leg in einen mit Wasser | gefüllten Teller einen Taschenspiegel. | Er muss so ausgerichtet sein, | dass er die Sonnenstrahlen einfängt | und gegen eine weiße Wand umlenkt. | Dort erscheint jetzt ein buntes Band | mit den Farben des Regenbogens.

(85 Wörter)

59 Rezept gegen Stinkfüße

Beklagt sich deine Familie heftig | über unangenehme Gerüche, | die angeblich aus deinen Schuhen entweichen? | Dann ist es Zeit für diesen Tipp: |

Sammle am Waldrand oder im Park | drei Hände voll Birkenblätter. | Sie sollten möglichst jung und frisch sein. | Koche sie in einem Topf | mit zwei Litern Wasser auf | und lasse alles zehn Minuten ziehen. | Gieße den Sud durch ein Sieb | in eine Schüssel | und lasse ihn etwas abkühlen. | Bade deine Füße darin, | bis das Wasser kalt geworden ist. | Dieses Fußbad wiederholst du | so häufig wie möglich. | Bald wird sich niemand mehr | in deiner Familie beschweren!

(98 Wörter)

60 Das Holzbein

Wer sich als Pirat verkleidet, | sieht mit einem Holzbein besonders wild aus. | Dafür braucht man nur ein Band | und einen Saugnapf aus Gummi mit Holzstab. | Dieses Gerät wird sonst dazu benutzt, | um verstopfte Abflüsse frei zu bekommen. | Man setzt sich hin | und stülpt das Gummiteil über ein Knie. | Dann schlingt man das Band | ganz oft darum | und bindet es gut fest. | Die Enden sollten von vorn | nicht sichtbar sein. | Jetzt kann man aufstehen | und sich auf dem Holzstab abstützen. | Der Unterschenkel des Beins | wird nach hinten weggeknickt. | Das klappt aber nur, | wenn der Unterschenkel etwa so lang | wie der Holzstab ist. | Man kann den Fuß leicht von hinten | am Oberschenkel anbinden, | damit die Haltung nicht zu sehr anstrengt.
(120 Wörter)

61 Der Löwe und der Bär

Ein Fuchs war einmal auf die Jagd gegangen. | Er war noch nicht lange unterwegs, | als er ein lautes Streiten hörte. | Ein Bär schlug mit seinen Tatzen | nach einem Löwen | und fauchte ihn wütend an: | „Ich war der Erste beim Hirschkalb. | Es gehört mir." |
„Nein!", | brüllte der Löwe zornig zurück. | „Du lügst! | Ich war zuerst hier, | und darum gehört die Beute mir." | Er wehrte sich kräftig | und schnappte mit seinen scharfen Zähnen | nach dem Fell des Bären. |
Der Löwe und der Bär | kämpften verbissen miteinander. | Als sie endlich kraftlos zusammenbrachen, | waren sie nicht mehr fähig, | sich zu rühren. | Da holte sich der Fuchs die Beute. | Er verneigte sich höflich vor den beiden | und bedankte sich freundlich. | Lachend zog er mit dem Hirschkalb ab.
(127 Wörter)

62 Das Ende der Dinosaurier

Ein Meteorit* ist ein Steinbrocken, | der durch das Weltall fliegt. | Zum Glück kommt es nur selten vor, | dass so ein Brocken die Erdkugel trifft. | Wissenschaftler vermuten, | dass ein riesiger Meteorit | vor 65 Millionen Jahren | auf die Erde prallte. | Vor der Küste von Mexiko | gibt es weit unten im Meer | einen großen Krater, | der so entstanden sein könnte. | Damals lebten die Dinosaurier noch. | Durch den Aufprall bebte die Erde heftig | und die Erdoberfläche bekam tiefe Risse. | Es entstanden gewaltige Flutwellen, | die über das Land rollten. | Eine mächtige Staubwolke stieg in den Himmel | und verdeckte das Sonnenlicht. | Ohne Licht wachsen keine Pflanzen | und die Tiere haben nicht genug zu fressen. | Wenn Pflanzenfresser aussterben, | bleibt auch für Fleischfresser kein Futter mehr übrig. |
Ob dies wirklich der Grund | für das Ende der Dinosaurier war, | ist noch nicht endgültig bewiesen.
(139 Wörter)

*(*Dieses Wort kann buchstabiert werden.)*

63 Klug überlegt!

Ein Hund ruht sich unter einer Palme aus. | Da nähert sich ein hungrig aussehender Löwe. | Der Hund fürchtet um seine Haut. | Er legt sich vor einen Knochenhaufen | und ruft laut: | „Dieser Löwe hat wirklich gut geschmeckt. | Ich wünschte, | es wäre noch einer da.“ | Da wird dem Löwen mulmig zu Mute | und er macht sich aus dem Staub. | Ein Affe hat alles beobachtet. | Er glaubt, | dass er den Löwen zum Freund gewinnt, | wenn er ihn über alles aufklärt. | Tatsächlich wird der Löwe zornig | und sagt: | „Affe, spring auf meinen Rücken. | Wir holen uns den verdammten Hund!“ |

Der Hund bemerkt das seltsame Gespann | schon von weitem. | Als die beiden nah genug sind, | fragt er laut: | „Wo bleibt nur dieser verlauste Affe? | Vor einer Ewigkeit hab ich ihn losgeschickt, | um einen neuen Löwen zu besorgen, | und er ist immer noch nicht zurück!"
(141 Wörter)

64 Der erste Sprung

Kim aus meiner Klasse macht sich oft wichtig. | Er hält sich für den tollsten Fußballer | und kann angeblich alles besser. | Neulich gab er mächtig | mit seinen Schwimmkünsten an. | Plötzlich fragte er mich, | ob ich schon mal | vom Fünfmeterbrett gesprungen sei. | „Na klar!", | log ich ihn an, | wenn auch mit schlechtem Gewissen. |
Drei Tage später traf ich Kim im Freibad. | „Komm", | schlug er vor, | „lass uns vom Fünfer springen!" |
Ich erschrak. | Warum hatte ich nur die Unwahrheit gesagt? | Zögernd kletterte ich vor Kim | die Leiter zum Sprungturm hoch. | Mein Herz klopfte laut. | So hoch hatte ich es mir nicht vorgestellt. | Langsam wie in Zeitlupe | schob ich mich an die Absprungstelle vor. | Ich wagte nur einen schnellen Blick nach unten. | Dann kniff ich die Augen fest zu | – und sprang! | Kim kam gleich hinterher. | Am Beckenrand wartete ich auf ihn. | „Prima", | freute er sich. | „Ohne dich hätte ich mich nicht getraut! | Das war heute das erste Mal für mich!"
(156 Wörter)

65 Der Baum, der andere Blätter wollte

Ein Baum klagte: | „Alle anderen Bäume haben schöne Blätter an, | nur ich habe Nadeln. | Ach, ich wünsche mir Blätter aus Gold!" | Am nächsten Tag hatte er goldene Blätter. | Das war eine Pracht! | Am Abend jedoch zog ein Räuber durch den

Wald. | Als der Lump | die goldenen Blätter bemerkte, | steckte er sie in seinen Sack | und verschwand. |

Nun wünschte sich der Baum | Blätter aus Glas. | Auch dieser Wunsch ging in Erfüllung. | Doch in der Nacht fegte ein Sturm | das gläserne Laub zu Boden, | sodass sie zerbrachen. |

Der Baum war traurig: | „Nun liegt mein Glas im Staub! | Ach, hätte ich doch einfach | so grüne Blätter wie die Anderen!“ | Erneut erfüllte sich sein Wunsch. | Da kam eine Ziege | und fraß die frischen Blätter ab. | Der Baum war wieder leer. | „Ich will nichts Anderes mehr wünschen | als meine alten Nadeln“, | dachte der Baum. | Und am nächsten Tag | hatte er all seine Nadeln zurück | und war zufrieden!

(158 Wörter)

Das Haus vom Nikolaus

Versuche, das Haus vom Nikolaus nachzuziehen, ohne den Stift abzusetzen – und das so, dass jede Linie nur einmal berührt wird. Wenn du es gern schwieriger magst, probiere auch die zweite Zeichnung aus.

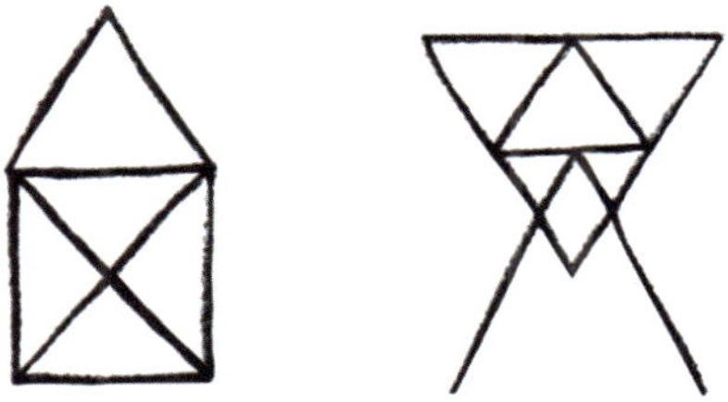

Rätselkamm

Trage die richtigen Antworten ein. Dann ergeben die dunklen Felder das Lösungswort. Es nennt ein praktisches Gerät, das Rufus dringend braucht, wenn er als Insektenforscher unterwegs ist.

1. Damit wird fast jede Speise gewürzt
2. Fällt im Herbst von den Bäumen
3. Frisur für langes Haar; man kann einen, zwei oder ganz viele machen
4. wichtiges Küchengerät, z. B. wenn man Nudeln kocht

VII Wörter mit *s*, *ss* oder *ß*

66 Was ist das?

Wenn er sein Bett verlässt, | entsteht großer Schaden. |
(Der Fluss) |

Für dieses Schloss gibt es einen Schlüssel, | aber keine Tür. |
(Das Vorhängeschloss) |

Welcher Schlüssel öffnet keine Tür? |
(Der Notenschlüssel) |

Was ist immer nass, | obwohl es stets im geschlossenen Raum bleibt? |
(Die Zunge) |

Jeden Tag isst man auf seinem Rücken. |
(Der Tisch) |
(54 Wörter)

67 Lied des Nussknackers

König Nussknacker, | so heiße ich. |
Harte Nüsse zerbeiße ich. |
Süße Kerne schluck ich fleißig, |
doch die Schalen, | ei, die schmeiße ich |
lieber anderen hin, |
weil ich König bin. |
Aber seid nicht bang! |

Zwar ist mein Bart lang |
und mein Kopf ist dick |
und gar wild mein Blick. |
Doch was tut denn das? |
Ich tu keinem was! |

(Heinrich Hoffmann 1809–1894)

(59 Wörter)

68 Zwei Gedichte

Das bescheidene Kind

Bescheidenheit, Bescheidenheit, |
verlass mich nicht bei Tische |
und mache, dass ich jederzeit |
das beste Stück erwische! |

Lügengeschichte

Eine Kuh, die saß im Schwalbennest |
mit sieben jungen Ziegen. |
Sie feierten ihr Jubelfest |
und fingen an zu fliegen. |
Der Esel zog Pantoffeln an, |
ist übers Haus geflogen. |
Und wenn das nicht die Wahrheit ist, |
so ist es doch gelogen.

(Volksgut)

(62 Wörter)

69 Bei der Wahrsagerin

Ich sehe das besondere Ereignis in Ihrem Leben. | Sie werden seine Nähe bald spüren. | Das wird kein Spaß. | Handeln Sie schnell. | Sonst könnte es sein, | dass Sie das Beste verpassen. | Das wäre dann nicht mehr gutzumachen. | Das Geld, | das Sie für meine Beratung bezahlen müssen, | legen Sie bitte in das Kästchen. | Vielen Dank!
(53 Wörter)

70 Die Tiefsee

In eintausend Meter Tiefe | dringt kein Sonnenlicht mehr vor. | Dort herrschen Finsternis und ein gewaltiger Wasserdruck. | Das Meer ist an einigen Stellen sogar noch tiefer: | bis zu zehn Kilometer. | Auch hier gibt es Lebewesen, | die sich an diese Umgebung angepasst haben. | Dazu gehören große Seespinnen, | Krebse, Tiefseefische, | Schnecken und Würmer. | Bisher ist dieser Lebensraum nur wenig erforscht, | weil es schwierig ist, | dorthin zu gelangen.
(66 Wörter)

71 Die Kokosnuss-Bongo

Du brauchst dazu | eine möglichst große Kokosnuss, | etwas festes Band | und reißfeste Plastikfolie. |
Zuerst muss man die Kokosnuss halbieren | und das Fleisch herauslösen. | Dabei lass dir | von einem Erwachsenen helfen. | Schneide nun aus der Plastikfolie | einen Kreis aus. | Er muss etwa zehn Zentimeter | größer sein als der Rand der Nuss. | Dieses Trommelfell spannst du | straff über den Rand der Kokosnuss | und bindest es mit dem Band ganz fest. | Dein neues Instrument | spielst du mit zwei Fingern jeder Hand. | Dabei hältst du es | zwischen beiden Knien fest.
(88 Wörter)

72 Was aßen die Neandertaler?

Die ersten Menschen lebten | als Jäger und Sammler an Seen, | Flüssen und Küsten. | Um Tiere zu fangen, | setzten sie einfache Keulen, | Netze, Angeln | oder Speere ein. | Sie gingen listig und geschickt vor | und erbeuteten selbst so ein großes | und gefährliches Tier | wie den Bären. | Außerdem sammelten sie Beeren, | Früchte, | Wurzeln und Pilze. | In Vogelnestern fanden sie Eier, | an Felsklippen Muscheln | und auf Pflanzen Schnecken. | Da die Neandertaler Feuer machen konnten, | werden sie ihr Essen gebraten | oder gekocht haben. | Wie wir aus einer Höhlenmalerei wissen, | sammelten sie auch Honig. | Süßes liebten die Menschen | wohl schon immer.

(98 Wörter)

73 Hokuspokus

Mit diesem Zauberkunststück | bringst du deine Zuschauer zum Staunen. | Dazu benutzt du | einen Filzstift als Zauberstab. | Diesen Stift musst du lange | an einem Wolltuch reiben. | Das machst du am besten vorher, | damit die Zuschauer es nicht sehen. | Dann fragst du dein Publikum: | „Wetten, | dass ich mit diesem Zauberstab | einen Wasserstrahl von seinem Weg abbringen kann?“ | Jetzt drehst du den Wasserhahn auf | und lässt einen dünnen Strahl laufen. | Halte den Filzstift so dicht an den Strahl, | dass er ihn fast berührt. | Der Wasserstrahl beginnt zu zittern. | Manchmal fließt er sogar | in einem kleinen Bogen | um die Spitze des Zauberstabs herum.

(100 Wörter)

74 **Kastanien als Saubermacher**

Die meisten Kastanienbäume, | die bei uns wachsen, | sind Rosskastanien. | Den Namen haben sie, | weil ihre Samen, | die dicken braunen Kastanien, | an Pferde verfüttert wurden. | Für Menschen sind sie ungenießbar, | aber viele Kinder sammeln sie, | um damit Figuren zu basteln. | In den Kastanien stecken Seifenstoffe. | Das merkst du, | wenn du Folgendes ausprobierst: | Schneide einige Kastanien vorsichtig | mit einem Messer durch | und lege die Stücke in eine große Schüssel | oder in einen Eimer. | Dann gießt du Wasser dazu, | bis das Gefäß halb gefüllt ist. | Was geschieht, | wenn du jetzt mit deinen Händen | alles tüchtig umrührst? | Auf jeden Fall hast du danach | besonders saubere Hände!

(105 Wörter)

75 **Die Maus fliegt**

Am Rand der großen Wiese lebt eine Maus. | Oft sitzt sie im Gras | und schaut in den Himmel. | Wie gern würde sie fliegen können! | Eines Tages sieht sie, | wie ein Junge auf der Wiese | einen Papierdrachen ablegt. | Dann wickelt er ein paar Meter Schnur ab. | „Er will den Drachen steigen lassen!", |weiß die Maus sofort. | Schnell saust sie zum Drachen, | setzt sich darauf | und hält sich fest. | Schon läuft der Junge los | und der Drachen steigt in den Himmel. | Immer höher geht die Reise. | Die Maus staunt, | wie klein alles von hier oben aussieht. | Ein bisschen Angst hat sie schon, | aber vor allem ist sie sehr zufrieden. | Endlich ist ihr Wunsch wahr geworden!

(116 Wörter)

76 Das rote Känguru

Wusstest du, | dass nur in Australien Kängurus leben? | Das rote Känguru ist | von allen Arten die größte. | Es lebt in heißen Gebieten | im Landesinneren. | Ein Kängurubaby wächst | im Beutel seiner Mutter heran. | Erst wenn es fünf Monate alt ist, | schaut es nach draußen. | Es verlässt den Beutel nur, | wenn es sich ganz sicher fühlt. | Es frisst gern | frisches Gras und Blätter. | Nach dem Essen reibt es seine Zähne | mit den Händen sauber ab. | Kängurus kämpfen gern zum Spaß miteinander. | Dann teilen sie | mit der Faust starke Schläge aus. |
Mit acht Monaten passt das Junge | nicht mehr in den Beutel. | Nun muss es auf sich selbst achtgeben. | Aber es kommt ab und zu | und reibt seine Nasenspitze | an der seiner Mutter. | Das ist wohl so gemeint | wie ein zärtlicher Kuss.
(132 Wörter)

77 Viel frische Luft

Leo ist eine richtige Leseratte. | Seine Mutter möchte, | dass er auch mal draußen spielt. | Heute muss Leo ihr versprechen, | eine Stunde an der frischen Luft zu verbringen. | Erst dann verlässt sie die Wohnung | und Leo bleibt allein zu Hause. | Er baut auf dem Balkon eine Liege auf | und vertieft sich dort | in den neuesten Kinderkrimi. | Zwei Stunden später | hat er das Buch ausgelesen. | Besonders der Schluss hat ihm gefallen. | Jetzt möchte er wieder ins Haus. | Aber was ist das? | Die Balkontür ist verschlossen. | Ein Windzug muss sie zugeschlagen haben(,) | und Leo hat den Schlüssel drinnen vergessen. | Leo klopft und ruft, | aber niemand hört ihn. | Missmutig legt er sich wieder | auf die Liege und schläft ein. | Als er wach wird, | steht seine Mutter vor ihm und lacht. |

„Das mit der frischen Luft | hatte ich mir anders vorgestellt“, | meint sie. | „Aber dafür hast du dich | dann selbst ausgetrickst!“
(148 Wörter)

78 Türkische Hackfleischbällchen

Zutaten für zwei Personen: |
300 g Gehacktes aus Lammfleisch |
zwei Eier |
zwei Esslöffel Tomatenmark |
zwei Knoblauchzehen |
zwei Esslöffel Olivenöl |
Pfeffer, Zucker, | Salz, Zitronensaft |

Für die Soße: |
200 g Sahne |
200 g Jogurt |
eine halbe Salatgurke |
eine kleine Zwiebel |

Vermische in einer großen Schüssel | die Eier und das Hackfleisch. | Würze mit Pfeffer, | Salz, Tomatenmark | und etwas Zucker. | Aus diesem Teig formst du Bällchen, | die so groß sind | wie ein Tischtennisball, | und legst sie auf ein gefettetes Backblech. | Verrühre das Öl, | die gepressten Knoblauchzehen | und einen Teelöffel Zitronensaft miteinander. | Diese Mischung streichst du | mit einem Pinsel auf die Bällchen. | Jetzt müssen sie im heißen Backofen | etwa vierzig Minuten schmoren, | bis sie schön gebräunt sind. | Inzwischen raspelst du | eine halbe Salatgurke | und schneidest die Zwiebel klein. | Verrühre alles mit Jogurt und

Sahne | und schmecke mit Salz und Pfeffer ab. |
Zu diesem Essen passt frisches Fladenbrot. | Lass es dir schmecken!
(148 Wörter)

79 Der Fuchs und die Schnecke

Ein Fuchs sah im Gras | eine Schnecke kriechen | und machte sich über sie lustig: | „Du kleines Ding, | wie du laufen kannst! | Willst du nicht mit mir | um die Wette laufen?" |
Die Schnecke sah den Fuchs | aufmerksam an. | „Gewiss", | antwortete sie, | „mit dir kann ich es immer aufnehmen!" |
Das Ziel sollte das Ufer des Flusses sein, | das einige hundert Schritte entfernt war. | „Ich lasse dir eine Körperlänge Vorsprung!", | sprach die Schnecke, | „und doch werde ich dich überholen!" |
Dann klebte sich die Schnecke unbemerkt | an die äußerste Schwanzspitze des Fuchses | und gab das Startzeichen. |
Der Fuchs raste pfeilschnell zum Ziel. | Dort schwenkte er rasch um, | um nach der Schnecke zu sehen. | Dabei schleuderte er sie | von seinem Schwanz | auf das jenseitige Ufer. | „Kommst du bald", | rief er, | „du Langsamschleicher?" |
„Ich bin längst da", | antwortete die Schnecke vom anderen Ufer, | „aus Langeweile ging ich | noch über den Fluss." |
Beschämt zog der Fuchs davon. |
(aus Litauen)
(155 Wörter)

80 Herbstwind und Sonne

Es war Herbst. | Mal schien die Sonne, | mal regnete es, | mal blies ein kalter Wind. | Ein Wanderer, | der sich gegen das wechselhafte Wetter | dick eingemummelt hatte, | lief vorüber. | Da sagte der Wind: | „Er hat gewiss nicht an mich gedacht. | Wenn ich kräftig puste, | hält kein Knopf | und der ganze Mantel fliegt davon.“ |

Die Sonne antwortete: | „Lass uns wetten! | Wer es zuerst schafft, | dass der Wandersmann ohne Mantel ist, | gewinnt. | Du kannst beginnen.“ |

Der Wind schob riesige Wolken | vor die Sonne, | er pfiff und stürmte. | Er packte den Mantel beim Kragen, | doch der Mann wickelte sich | umso fester in ihn ein. | Bäume stürzten, | auf dem See türmten sich | die Wassermassen zu hohen Wellen, | Ziegel krachten von den Dächern | – aber der Mantel hielt. |

Da zerriss die Sonne die dunklen Wolken, | sie strahlte und wärmte. | Dem Wanderer wurde es | in seinem schweren Mantel zu heiß. | Er zog ihn aus. |

So bewirkt Milde | meist mehr als rohe Gewalt!

(nach La Fontaine)

(157 Wörter)

Indianertanz

Indianer tanzen gern mit einem Tanzspeer, den sie im Rhythmus der Musik bewegen. Nimm einfach einen Besenstiel, schalte das Radio oder eine Musik-CD ein und tanze für ein paar Minuten drauflos. Das kannst du mit deinem „Tanzspeer" immer im Rhythmus der Musik machen:

- Klopfe auf den Boden.
- Nimm den „Speer" waagerecht mit beiden Händen vor deinen Bauch und bewege ihn hoch und runter.
- Reiche den „Speer" von einer in die andere Hand und wieder zurück.
- Setze ihn auf dem Boden auf und bewege dich um ihn herum.
- Probiere alles aus, was dir einfällt! Achte aber darauf, wer oder was in deiner Nähe ist!

Indianer-Suchrätsel

Rufus hat schon einen Begriff gefunden, der etwas mit dem Leben der Indianer zu tun hat.

D	N	A	B	N	R	I	T	S	Y
X	B	Y	Z	W	X	T	Y	W	X
H	A	U	P	T	L	I	N	G	U
W	K	J	F	X	Y	P	X	Z	N
F	I	Y	C	F	C	I	P	Y	A
E	R	G	Y	Y	E	Y	F	X	K
D	E	X	W	Z	W	L	E	C	Z
E	M	O	K	A	S	S	I	N	W
R	A	S	T	A	M	M	L	W	Y

Jetzt sind noch 10 andere Wörter in diesem Rätsel versteckt. Die Buchstaben können von oben nach unten, von unten nach oben, von links nach rechts, von rechts nach links oder schräg stehen.

XIII Adjektive mit *-ig* und *-lich*

81 Im Wald

Es ist dämmrig. | Durch die hohen Bäume | fällt nur wenig Licht. | Die Luft riecht würzig. | Auf einem modrigen Baumstumpf | wächst ein riesiger Pilz. | Bei jedem Schritt | gibt der weiche Waldboden nach. | Es knackt und raschelt unheimlich. | Ganz in der Nähe! | Plötzlich läuft ein Reh über den Weg | und verschwindet wieder | im Dickicht.
(54 Wörter)

82 Wie ist das Wetter?

Ob Sie dienstlich oder | nur zum Vergnügen unterwegs sind: | Es ist immer nützlich zu wissen, | wie das Wetter vermutlich werden wird. | Heute ist hier eine merkwürdige Wetterlage. | Während vorn die Sonne knallig scheint | und es schon den ganzen Tag | sehr freundlich ist, | ziehen hinten bedrohliche Wolken auf | und es riecht so verdächtig. |
Hilfe, ich glaube, | das Fleisch verbrennt auf dem Grill! | Da müssen Sie heute | wohl hungrig bleiben.
(72 Wörter)

83 Die richtige Pflege für dein Fahrrad

Damit dein Fahrrad lange hält, | solltest du es regelmäßig | sauber machen* und pflegen. | Alle beweglichen Teile wie Kette, | Tretlager, Bremsen | und Schaltung werden gründlich geputzt. | Mit einer alten Zahnbürste | kommst du auch in enge Zwischenräume. | Kette, Schaltung und Tretlager |

müssen dann gut gefettet werden. | Wisch das überschüssige Fett sorgfältig ab. | Rostige Stellen lassen sich | mit einem Metallputzmittel entfernen. | Kontrolliere auch, | ob Licht, Bremsen, | Klingel in Ordnung sind. | Gute Fahrt!
(75 Wörter)

(darf auch zusammengeschrieben werden:* saubermachen*)*

84 **Merkwürdige Speisekarte**

Im Gasthaus „Träum ich oder wach ich" | gibt es eine merkwürdige Speisekarte. | Dort liest man von ungewöhnlichen Gerichten. | Bist du neugierig geworden? | Dann suche dir doch etwas aus: |

Moospolster würzig eingelegt |
Badeschwamm sorgfältig | mit Knoblauch und Zitrone geschmort |
Autoreifen appetitlich in Streifen geschnitten | und süßsauer angemacht |
Blätter vom Gummibaum | knackig als Salat serviert |
Holzwolle gefährlich scharf gebraten |
Wärmflasche knusprig gegrillt |
Tafelkreide salzig mit Käse überbacken |
Zeitungsblätter saftig gefüllt |
Bindfaden ordentlich gerollt | und säuerlich gewürzt
(76 Wörter)

85 **Glücklicher Einkauf**

Karla und ihre Mutter gehen zusammen einkaufen. | Karla braucht eine ordentlich warme Winterjacke. | Im ersten Geschäft ist die Luft so stickig, | dass sie gleich umkehren. | Im zweiten findet Karla | die eine Jacke zu auffällig, | die

nächste zu langweilig. | Hier ist der Kragen zu eckig, | dort der Stoff unmöglich. | Im dritten Laden sind | nur noch wenige Jacken vorrätig. | Leider ist die richtige Größe | nicht mehr dabei. | Karlas Mutter wird unruhig. | Zufällig sehen sie in einem winzigen Geschäft | eine rote Jacke, | die Karla einfach herrlich findet. | Sie passt! | Jetzt können sie endlich heimgehen.
(93 Wörter)

86 Der Wettlauf

Gleich geht der Wettlauf los. | Die Läufer warten unruhig | auf den Startschuss. | Auch Laura ist dabei. | Sie hat regelmäßig geübt | und ist zuversichtlich, | dass sie auf der schwierigen Strecke durchhält. | Zu Beginn klappt alles gut. | Gleichmäßig hält sie ihr Tempo. | Bald ist die Hälfte geschafft. | Laura legt mutig zu | und wird schneller. | Nun ist das Ziel nicht mehr weit. | Laura ist ehrgeizig. | Noch zwei Läufer vor ihr. | Sie strengt sich an | und zieht seitlich an ihnen vorüber. | Jetzt hat sie nur noch Augen für das Ziel. | Sie läuft unermüdlich immer weiter. | Plötzlich hört sie lauten Jubel. | Ungläubig schaut sie sich um. | Tatsächlich: | Sie hat gewonnen!
(107 Wörter)

87 Der stolze Schmetterling

Ein Schmetterling umflatterte eine duftende Blume. | Da sah er eine hässliche Raupe | auf dem Boden. | Verächtlich rief der Schmetterling ihr zu: | „Fort mit dir! | Du bist unwürdig, | in meiner Nähe zu sein. | Schließlich bin ich schön | und kann vortrefflich fliegen, | während du auf der Erde herumkriechst. | Fort, | wir haben nichts miteinander zu schaffen!“ | Die Raupe erwiderte ruhig: | „Dein Stolz steht dir

schlecht. | All deine prächtigen Farben | geben dir nicht das Recht, | so verächtlich mit mir zu sprechen. | Wir sind und bleiben verwandt. | Warst du nicht früher selbst eine Raupe? | Und werden deine Kinder | nicht Raupen sein wie du und ich? | Wir sollten uns gegenseitig achten!“
(afrikanische Fabel)
(108 Wörter)

88 Wie ein Schauspieler!

Schauspieler bringen unterschiedliche Gefühle | nicht nur mit Worten, | sondern auch in ihren Bewegungen | und in ihrer Körperhaltung zum Ausdruck. | Stell dich vor einen Spiegel | und versuche, diese Gefühle auszudrücken: |

Heute bist du mutig. | Du hast keine Angst | vor dem Nachbarhund, | der immer so fürchterlich knurrt. |

Dein liebster Freund | kehrt aus den Ferien zurück. | Du bist neugierig auf alles, | was er zu erzählen hat. | Freudig wartest du auf seine Ankunft. |

Du hast richtig schlechte Laune. | Selbst dein Lieblingseis ist dir gleichgültig. | Dass deine Mutter dir zärtlich | über den Arm streicht, | macht dich erst recht wütend. |

Du bist allein zuhause. | Draußen gewittert es. | Ängstlich horchst du auf die unheimlichen Geräusche.
(111 Wörter)

89 Das Schnabeltier

Dieses Säugetier lebt in Australien | und ist wirklich erstaunlich. | Es sieht aus, | als sei es aus unterschiedlichen

Teilen | von anderen Tieren zusammengesetzt: | der Schwanz von einem Biber, | der Schnabel von einer Ente, | der längliche Körper von einer Robbe. | Es ist ziemlich klein, | nur etwa sechzig Zentimeter lang. | Aber es ist sehr gefräßig. | Es braucht täglich so viel Fleisch, | wie es selbst wiegt. |
Das Schnabeltier legt Eier. | Wenn die Jungen geschlüpft sind, | werden sie aber mit Milch gesäugt. | Das ist sehr ungewöhnlich. | Das männliche Tier kann Gegner stechen | und ihnen eine giftige Flüssigkeit einspritzen, | um sich zu verteidigen. | Das tut höllisch weh. | Schnabeltiere können gut schwimmen, | aber an Land bewegen sie sich sehr schwerfällig.
(115 Wörter)

90 Geschichten dazu erfinden

Welcher der drei Textteile | gefällt dir am besten? | Denk dir selbst aus, | wie die Geschichte angefangen hat | oder weitergehen könnte. |

1. Die Stimme gehört zu einem niedlichen Geschöpf | mit dreieckigen Flügeln. | Karl staunt. | Einfach unglaublich! | Das gibt es doch gar nicht! | Wie sollte Karl es jemals befreien? | Endlich drehte er an dem rostigen Hebel. |
2. Das Mädchen am Strand sah schmutzig aus. | Die Haare hingen ihm unordentlich ins Gesicht. | Wenn sie sich gegenseitig helfen würden, | könnten sie es bestimmt schaffen. | Lina trat vorsichtig vor. |
3. Svenja hatte ihn mutig verteidigt. | Jetzt schien es nicht mehr gefährlich zu sein. | Warum war sie nur so plötzlich | im Wald verschwunden? | Eigentlich hatte er keine Lust, | ihr schon wieder hinterherzulaufen.
(124 Wörter)

Die Pyramide

Nimm zehn Münzen und lege diese Figur nach. Sie zeigt die Seite einer Pyramide. Du darfst jetzt drei Münzen verschieben, sodass die Pyramide auf dem Kopf steht.

Die Perlenkette

Welche Farbe hat wohl die letzte Perle der Kette?

IX Silbentrennung

91 Ein-kaufs-lis-te für be-son-de-re Ta-ge

Weißt du, | zu wel-cher Ge-le-gen-heit | die-se Ein-kaufs-lis-te ge-schrie-ben wur-de? | Wann kann man die-se Din-ge | gut ge-brau-chen? |

Ap-fel-si-nen |
Ker-zen |
Streich-höl-zer |
Ge-schenk-pa-pier |
Leb-ku-chen |
Schlei-fen-band |
Nüs-se |
Wun-der-ker-zen |
Räu-cher-männ-chen |
Früch-te-tee |
Kar-tof-fel-sa-lat |
Würst-chen | *(zu Weih-nach-ten)*

(34 Wörter)

92 Ein gro-ßer Un-ter-schied

Ele-fant und Maus lau-fen ne-ben-ein-an-der her. | Plötz-lich bleibt der Ele-fant ste-hen, | be-trach-tet die Maus und wun-dert sich: | „Don-ner-wet-ter! | Du bist aber auch klein!". |
Da stemmt die Maus die Hän-de in die Hüf-ten | und ant-wor-tet em-pört: |
„Ich war ja auch lan-ge krank!"
(44 Wörter)

93 **Un-ge-wöhn-li-che Be-ru-fe**

Hast du ei-ne Idee, | was du ein-mal wer-den willst? | Viel-leicht ist ja hier et-was für dich da-bei: |
Schil-der-put-zer |
La-ckie-re-rei-lei-ter |
Kla-vier-stim-mer |
In-sek-ten-for-sche-rin |
Her-ren-be-klei-dungs-fach-ver-käu-fer |
Na-del-ein-fäd-ler |
Gas-la-ter-nen-an-zün-der |
Gum-mi-bär-chen-streich-ler |
Ta-pe-ten-dru-cker |
Hand-schuh-ma-che-rin |
Por-zel-lan-ma-le-rin |
Drosch-ken-kut-scher |
Bie-nen-züch-te-rin |
Die-se Be-ru-fe gibt es | oder hat es frü-her ge-ge-ben. | Aber ei-ner ist da-zwi-schen-ge-mo-gelt. | Du weißt be-stimmt, wel-cher.

(der Gummibärchenstreichler)

(51 Wörter)

94 **Som-mer-fest in der Schu-le**

Al-le ha-ben le-cke-re Sa-chen | zum Es-sen mit-ge-bracht. | Da gibt es ge-füll-te Blät-ter-teig-ta-schen, | Kirsch-sah-ne-tor-te, | Knus-per-plätz-chen, | köst-li-chen Jo-han-nis-beer-ku-chen | und vie-les mehr. | Die Kin-der ste-hen schon Schlan-ge | am Schmink-tisch, | beim Stel-zen-lauf und beim Do-sen-wer-fen. | Die Leh-re-rin-nen und Leh-rer wol-len heu-te | ge-gen ei-ne Schü-ler-mann-schaft Fuß-ball spie-len. | Da heißt es Dau-men-drü-cken für die Kin-der!

(53 Wörter)

95 Was tun?

In ei-ner stür-mi-schen Nacht fin-det ein Mann | Zu-flucht in ei-ner eis-kal-ten, | dunk-len Höh-le. | Es gibt kei-ne Men-schen-see-le weit und breit. | Der Mann hat nur drei Din-ge da-bei: | ei-ne feuch-te Fa-ckel, | ei-ne Ker-ze mit sehr kur-zem Docht | und ein ein-zi-ges Streich-holz. | Ver-zwei-felt über-legt der Mann, | was er zu-erst an-zün-den soll. | Was wür-dest du ihm emp-feh-len? |
Lö-sung: | Das Streich-holz na-tür-lich!
(60 Wörter)

96 So vie-le Gäs-te!

Ole hat bald Ge-burts-tag. | Er über-legt, | wen er ein-la-den möch-te. | Sei-ne Lis-te ist schon sehr lang. | Im-mer noch fal-len ihm Kin-der ein. | Aber so vie-le pas-sen gar nicht | in die Woh-nung. | Zum Glück hat sei-ne Mut-ter | ei-ne gu-te Idee. | In die-sem Jahr fei-ern sie | auf dem Aben-teu-er-spiel-platz. | Dort ist Platz für Sack-hüp-fen | und Ei-er-lauf. | Au-ßer-dem gibt es ein fa-bel-haf-tes Pick-nick! | Ole ist be-geis-tert.
(66 Wörter)

97 Das Mü-cken-lied

Fing mir ei-ne Mü-cke heut, |
grö-ßer als ein Pferd wohl. |
Ließ das Fett, | das Fett ihr aus, |
es war ein gan-zes Fass voll! |
Wer dies glaubt, | ein Esel ist, |
grö-ßer als ein Pferd wohl. |

Riss ihr dann den Sta-chel aus, |
war spitz wie 'ne Na-del. |

Mach-te mir nen De-gen draus, |
sah aus wie von Adel. |

Zog ihr auch das Fell noch ab, |
macht mir eine De-cke, |
lag da-rauf so weich und warm, |
wie im Him-mel-bet-te. |

(77 Wörter)

(Im Internet findet man auch die Melodie zu diesem Lied.)

98 Der Lö-we und die Maus

Zwi-schen den Tat-zen ei-nes Lö-wen | kam eine leicht-sin-ni-ge Maus aus der Er-de. | Der Kö-nig der Tie-re aber | zeig-te sich kö-nig-lich | und schenk-te ihr das Le-ben. |
Ei-nes Ta-ges blieb der Lö-we | in ei-nem Netz hän-gen, | das als Fal-le auf-ge-stellt war. | Er brüll-te schreck-lich in sei-nem Zorn – | aber das Netz hielt ihn fest. |
Da kam die Maus her-bei-ge-lau-fen | und zer-nag-te ei-ni-ge Ma-schen, | so-dass sich das Netz aus-ein-an-der-zog | und der Lö-we frei da-von-ge-hen konn-te.

(Nach La Fontaine)

(77 Wörter)

99 Wei-ter-er-zäh-len

Bei die-sem Er-zähl-spiel | wech-selt man sich zu zweit ab | oder spielt reih-um | mit meh-re-ren Mit-spie-lern. | Der Ers-te be-ginnt | mit einem wit-zi-gen Satz, | den er sich ge-ra-de aus-ge-dacht hat. | Zum Bei-spiel: | „Dem Ol-den-bur-ger Pas-te-ten-bä-cker Ne-po-muk | war beim Ba-cken ei-ne Ana-nas |

auf den gro-ßen Zeh ge-fal-len.“ |
Der Zwei-te er-zählt wei-ter: | „Der Zeh schwoll so-fort fürch-ter-lich an, | so-dass Ne-po-muk sich er-schro-cken hin-setz-te.“ |
Der Nächs-te macht wei-ter: | „Lei-der ach-te-te er nicht da-rauf, | wo-hin er sich setz-te, | wes-halb er mit dem Hin-tern | in dem Ei-er-korb lan-de-te.“ |
Wenn kei-nem mehr et-was ein-fällt, | ist die Ge-schich-te zu En-de.
(92 Wörter)

100 Ein schlech-ter Tag?

Son-ja hat-te heu-te ei-nen schlech-ten Tag. | Für ih-re Ma-the-ma-tik-haus-auf-ga-be | be-kam sie nur eine Vier, | ob-wohl sie sich so viel Mü-he ge-ge-ben hat-te. | Wäh-rend der Pau-se | war sie an der Rei-he, | die Ta-fel zu put-zen, | die aus-ge-rech-net heu-te | über-all voll-ge-schrie-ben war. | Auf dem Heim-weg platz-te ein Rei-fen, | so-dass sie das Fahr-rad schie-ben muss-te. | Schließ-lich über-rasch-te sie | noch ein Wol-ken-bruch. | Be-vor sie sich ins Tro-cke-ne ret-ten konn-te, | war sie völ-lig durch-nässt. | Als sie jetzt die Woh-nungs-tür öff-net, | duf-tet es nach Ka-kao und Ku-chen. | Ih-re Mut-ter ruft: | „Ich bin heu-te frü-her da-heim. | Wol-len wir Ap-fel-ku-chen es-sen?“ | Viel-leicht wird we-nigs-tens | der Nach-mit-tag noch gut.
(103 Wörter)

Zum Nachmachen!

Mache die angegebenen Bewegungen nach! Versuche, immer schneller zu werden. Achte genau auf rechts und links. Wenn du es gut kannst, probiere es vor einem Spiegel.

1. Klopf dir mit der rechten Hand vor die Stirn und streck die Zunge raus.
2. Zupf mit der rechten Hand am rechten Ohr und bewege die ausgestreckte Zunge nach rechts.
3. Drücke mit der rechten Hand auf die Nase; jetzt kommt die Zunge in die Mitte des Mundes.
4. Zupf mit der linken Hand am linken Ohr und bewege die Zunge nach links.
5. Klopfe mit der linken Hand gegen deinen Hinterkopf und die Zunge verschwindet wieder im Mund!

Farben durcheinander

Lies, was hier steht. An einer Stelle ist etwas anders.
Welche Farbe steht dort?

GELBBRAUNGRÜNROTBLAUORANGE
GRÜNROTGELBORANGEBLAUBRAUN
ORANGEGELBBRAUNROTGRÜNBLAU
BLAUROTGELBBRAUNORANGEGRÜN

X Zeichensetzung

Punkt – Ausrufezeichen – Fragezeichen – Doppelpunkt

101 Giraffen sind hoch

Giraffen leben in Afrika. | Eine ausgewachsene Giraffe | wird fast sechs Meter hoch. | Die Hälfte davon nimmt der Hals ein. | Ihre Zunge ist schwarz | und vierzig Zentimeter lang. | Damit rupft sie Blätter | von den Bäumen und Büschen. | Die Giraffe ist Pflanzenfresserin. |
Sie braucht jeden Tag | dreißig Kilogramm Futter.
(50 Wörter)

102 Die Wikinger

Die Wikinger waren hervorragende Seefahrer | und erfahrene Schiffbauer. | Für jeden Zweck | bauten sie das passende Boot. | Die längsten Schiffe waren mehr | als zwanzig Meter lang. | An den Kampfschiffen | befestigten sie vorn und hinten | aus Holz geschnitzte Drachenköpfe. | Als Antrieb dienten zuerst nur Ruder. | Später wurden sie | durch rechteckige Segel ergänzt. | Im Wikingermuseum in Schleswig | kann man ein königliches Langschiff anschauen.
(62 Wörter)

103 Die Ohrenwackler

Manche Menschen können | mit den Ohren wackeln | und manche nicht. | Warum ist das so? | Unsere Vorfahren horchten genau | auf die Geräusche in ihrer Umgebung. | Sie mussten sich | vor wilden Tieren in Acht nehmen | und

Beutetiere aufspüren. | Dafür brauchten sie bewegliche Ohren. | Sie konnten die Ohrmuscheln | in verschiedene Richtungen drehen. | Wir brauchen das heute nicht mehr. | Darum hat sich die Ohrmuskulatur zurückgebildet. | Aber bei manchen Menschen | sind noch Reste erhalten geblieben. | Wie ist das bei dir? | Versuche es doch mal!
(81 Wörter)

104 **Gesprächsfetzen**

- Möchten Sie ein Stück Kuchen? | Nein danke! |
- Da ist ja mein Regenschirm! | Gott sei Dank! |
- Ich möchte mein Haar vorn etwas kürzer, bitte! | Gerne! |
- Wie heißt du denn? | Ich habe drei Vornamen: | Till, Robert und Ludwig. |
- Guten Tag! | Wer war denn das? |
- Mach den Mund zu! | Warum denn? |
- Man nehme: drei Eier, | einen halben Liter Milch | und 250 Gramm Mehl. |
- Hilfe! | Womit kann ich Ihnen helfen? |
- Jetzt reicht es mir! | Ich höre ja schon auf. |
- Ich möchte drei Eiskugeln: | Banane, Zitrone und Nuss. |
- Auf Wiedersehen!
(97 Wörter)

105 Ratschläge für Tierhalter

Welcher Hund ist für dich der richtige? | Überlege, wie viel Platz du hast! | In Büchern kannst du nachlesen, | welche Eigenschaften die Hunderassen haben. | Frag bei Hundebesitzern nach! |

Katzen sind Fleischfresser | und brauchen zweimal am Tag eine Mahlzeit: | frisches Fleisch, Fisch, Dosenfutter | oder Trockenfutter. | Denk auch an frisches Wasser, | aber gib keine Milch! |

Wie wird dein Kaninchen zutraulich? | Lass es aus deiner Hand fressen! | Nimm es zum Sreicheln auf den Arm! | Hebe ein Kaninchen aber nie | an den Ohren hoch! | Kaninchen fressen immer das Gleiche: | Heu, Gras, Grünfutter. |

Wenn dein Vogel seine Flugstunde hat, | musst du ihn vor Gefahren schützen: | vor heißen Herdplatten, offenen Schubladen, | Spalten zwischen Möbeln und Behältern mit Wasser. | Behalte deinen Vogel gut im Auge!
(120 Wörter)

Wörtliche Rede

106 Vergessen

Tom ruft seiner Mutter zu: | „Ich hole mir schnell ein neues Schreibheft. | Ich bin gleich wieder da." | „Einen Augenblick! | Bring mir ein paar Sachen mit!", | bittet die Mutter. | Sie zählt auf: Brot, Zeitung, | Zahnpasta, Briefmarken. | Tom macht sich auf den Weg. | Nach einer

Stunde kehrt er zurück. | Er legt alles auf den Küchentisch. | „Gut gemacht!", lobt die Mutter. | „Aber wo ist das Schreibheft?"
(64 Wörter)

107 Der Häuptling beim Festessen

Häuptling Großer Büffel, | der mit den weißen Siedlern | einen Friedensvertrag abgeschlossen hat, | sitzt beim Festessen | zwischen zwei weißen Männern. | Er langt kräftig zu | und wird von seinem rechten Nachbarn gefragt: | „Ist Mampf-mampf gut?" |
„Gut!", antwortet der Häuptling. | Da fragt sein linker Nachbar: | „Ist Gluck-gluck gut?" | Großer Büffel nickt. | Dann steht er auf, | hält eine lange Rede ohne Fehler | in der Sprache der Weißen | und setzt sich wieder hin. | „War Bla-bla gut?", erkundigt er sich | bei seinen Nachbarn.
(81 Wörter)

108 Der Mann und der Pinguin

Ein Mann läuft mit einem Pinguin | durch die Stadt. | Er trifft einen Polizisten und fragt: | „Was soll ich mit dem Pinguin machen? | Er ist mir zugelaufen." | „Am besten gehen Sie mit ihm | in den Zoo", antwortet der Polizist. | Drei Stunden später sieht der Polizist | den Mann wieder. | Er hat immer noch das Tier bei sich. | „Warum bringen Sie ihn nicht | in den Zoo?", erkundigt er sich. | „Aber da waren wir schon", meint der Mann, | „jetzt sind wir auf dem Weg ins Kino!"
(87 Wörter)

109 Der Fuchs und die Gänse

Der Fuchs kam einmal auf eine Wiese, | wo eine Herde schöner, fetter Gänse saß. | Er lachte und rief: „Das ist fein! |

Ihr sitzt so schön beisammen, | da kann ich eine nach der anderen fressen!“ | Die Gänse gackerten vor Schreck, | jammerten und klagten. | Eine Gans trat vor | und bat: „Wenn wir sterben sollen, | so erlaube uns vorher noch ein Gebet!“ | „Ja“, willigte der Fuchs ein, | „das ist eine fromme Bitte, | so lange will ich warten.“ |
Also fingen die Gänse ein langes Gebet an | und gackerten alle zusammen. | Wenn sie fertig gebetet haben, | erzählen wir weiter. | Aber noch gackern sie!
(103 Wörter)

110 Wer kennt diese Märchen?

Da ging auf einmal die Tür auf | und ein kleines Männchen trat herein. | Es sprach: „Guten Abend, | warum weinst du so sehr?“ | „Ach“, antwortete das Mädchen, | „ich soll Stroh zu Gold spinnen | und kann das nicht.“ | Da sagte das Männchen: „Was gibst du mir, | wenn ich es dir spinne?“ |
(Rumpelstilzchen)

Sie streckte den Kopf zum Fenster heraus | und sprach: „Ich darf | keinen Menschen einlassen, | man hat es mir verboten!“ | „Mir auch recht“, antwortete die Bäuerin, | „meine Äpfel werde ich schon los. | Da, einen will ich dir schenken.“
(Schneewittchen)

„Weißt du was, Mann“, antwortete die Frau, | „wir wollen morgen in aller Frühe | die Kinder hinaus in den Wald führen. | Da machen wir ihnen ein Feuer an | und geben jedem noch ein Stück Brot. | Dann gehen wir an unsere Arbeit | und lassen sie allein.“
(Hänsel und Gretel)
(134 Wörter)

Komma zwischen Aufzählungen

111 Vor der Reise

Jakob hat eine Liste geschrieben, damit er nichts vergisst. Badehose, Pullover, Jeans, Unterwäsche und Strümpfe sind schon im großen Koffer. Die Schuhe, eine Regenjacke und einen Schlafanzug steckt er in die gelbe Tasche. Im Rucksack hat noch etwas zum Spielen, zum Lesen und zum Musikhören Platz. Dieses Mal hat er an alles gedacht!
(56 Wörter)

112 Im Freibad

Es riecht nach Sonnenmilch und Pommes, nach süßer Limonade und Putzmitteln. Der Bademeister öffnet das Fünfmeterbrett, verscheucht die Schwimmer aus dem Sprungbereich und gibt das Zeichen für den ersten Springer. Von den Decken, Liegestühlen, Bänken oder vom Beckenrand aus schauen die Leute zu. Die meisten springen mit den Füßen voran, einige wagen einen Kopfsprung und einer schafft einen Salto. Bravo!
(62 Wörter)

113 Der erste Schultag

Maiks kleine Schwester Anna | hat heute ihren ersten Schultag. | Ihre Eltern, Großeltern, die Patentante und Maik | begleiten sie in die Schule. | Die älteren Kinder begrüßen die Kleinen | mit Blumen, selbst gebastelten Namenskärtchen | und einem Lied. | Nach der Feier in der Turnhalle | geht es in den Klassenraum. | Dort lernt Anna ihre Lehrerin kennen, | darf sich einen Sitzplatz aussuchen | und bekommt endlich ihre Schultüte. | Zwischen Stiften, Anspitzer, | Radiergummi und Süßigkeiten | entdeckt sie ein Springseil. | Das hat ihr Maik zum Schulanfang geschenkt!
(82 Wörter)

Komma zwischen Hauptsätzen sowie zwischen Haupt- und Nebensätzen

114 Durch die Lappen gehen

Diese Redensart bedeutet, | dass jemand oder etwas entwischt. | Sie stammt aus der Sprache der Jäger. | Diese hängten bei der Jagd | bunte Lappen zwischen die Bäume, | damit das Wild vor ihnen zurückwich | und nicht aus dem Jagdgebiet herauslief. | Wenn die Tiere aber in großer Angst waren, | brachen sie doch durch die Absperrung | und gingen so durch die Lappen.
(61 Wörter)

115 Ein afrikanisches Spiel

Wenn du ein paar Mitspieler gefunden | und für jeden einen Ball hast, | kann es schon losgehen. | Ihr legt fest, | wie viele Runden ihr spielen wollt | und in welcher Reihenfolge ihr dran seid. | Dann wirft der erste Spieler | seinen Ball hoch in die

Luft. | Die anderen versuchen, | den fliegenden Ball mit ihrem Ball zu treffen. | Wer trifft, bekommt einen Punkt. | Es gewinnt, wer nach allen Runden | die meisten Punkte hat.
(72 Wörter)

116 Leckeres für die Pause

Trockene Butterbrote isst niemand gern | (,) und der gleiche Belag an jedem Tag ist langweilig. | Jeden Tag werfen viele Schüler | ihr Pausenbrot einfach in den Mülleimer | (,) oder sie nehmen gar keins von zu Hause mit. | Dabei ist gesundes Essen | auch für die Leistungen in der Schule wichtig. | Saftiges Körnerbrot schmeckt | mit Salat, Tomaten und einer Scheibe Käse (,) | oder man bestreicht es | mit Frischkäse und legt einige Bananenscheiben darauf.
(73 Wörter)

117 Im Eishotel

Im Norden von Schweden | wird jedes Jahr im Herbst | aus Schnee und Eis ein Hotel gebaut, | in dem man bis zum April | übernachten kann. | Der Schnee wird mit großen Maschinen | zusammengeschoben*, | das Eis mit besonderen Sägen | aus einem gefrorenen Fluss geschnitten. | Auch die Einrichtung in den Räumen | besteht aus Eis, | das bei einer Temperatur | von minus fünf Grad nicht schmilzt. | Die Gäste tragen wattierte Kleidung, | damit sie nicht frieren. | Die Betten sind aus Eisblöcken, | die mit Rentierfellen bedeckt werden. | Zum Schlafen kriechen die Gäste | in dicke Schlafsäcke.
(90 Wörter)

*(*kann auch getrennt geschrieben werden)*

118 Gerüche sind wichtig

Ganz oben in der Nase sitzen die Riechzellen. | Bei jedem Einatmen strömt die Luft | an ihnen vorbei (,) | und sie erkennen den Geruch. | Wenn wir auf die Welt kommen, | empfinden wir alle Gerüche | gleich gut oder schlecht. | Ob etwas stinkt oder wunderbar duftet, | lernen wir erst von unseren Eltern | und anderen Menschen. | Wer nicht riechen kann, | dem schmeckt das Essen nicht, | denn die meisten Eindrücke | liefert unsere Nase und nicht unsere Zunge. | Gerüche wecken im Gehirn Erinnerungen. | Wenn uns der Duft einer frisch gemähten Wiese | in die Nase steigt, | erinnern wir uns zum Beispiel | an einen schönen Sommertag. | Bei Bratwurstduft und gebrannten Mandeln | denken wir an den Weihnachtsmarkt, | bei Sonnenöl und Pommes | fällt uns ein Tag im Freibad ein.
(122 Wörter)

Gemischte Zeichensetzung

119 Wer zieht denn da?

Die Mutter beobachtet, | wie ihre Tochter die Katze ärgert. | Sie ruft: „Hör sofort auf, | die Katze am Schwanz zu ziehen!“ | Die Tochter antwortet empört: | „Tu ich ja gar nicht! | Die Katze zieht, ich halte sie bloß fest!“ |

Die Mutter besucht mit ihrer Tochter den Zoo (,) | und sie kommen zum Eisbärgehege. | Besorgt mahnt die Mutter: | „Geh nicht so nah an die Eisbären heran! | Du bist sowieso schon erkältet.“
(72 Wörter)

120 Gibt es Gespenster?

Manche Menschen glauben, dass es Gespenster gibt. Zur Geisterstunde um Mitternacht soll es zum Beispiel in alten Burgen, Schlössern, unter Brücken oder auf Türmen spuken. Dabei erscheinen die Geister in weißer, halb durchsichtiger Gestalt, die wie ein Nebel auftaucht. Poltergeister heißen so, weil sie bei ihrem Auftreten auch klopfende Geräusche machen. Wenn Wissenschaftler die rätselhaften Erscheinungen untersuchen, finden sie meist eine harmlose Erklärung. Glaubst du, dass es wirklich Gespenster gibt?

(73 Wörter)

121 Auf dem Markt

Jule hat ihre Freundinnen Lena, Birte, Mia und Tanja zu einem Obstsalat eingeladen und möchte jetzt auf dem Markt die Zutaten kaufen. „Haben Sie auch Aprikosen?", fragt sie die Verkäuferin. „Wenn hier keine liegen, haben wir auch keine", raunzt diese zurück, bevor sie sich dem nächsten Kunden zuwendet. So eine unfreundliche Antwort! Jule geht lieber an einen anderen Stand, der sein Obst besonders schön und verlockend aufgebaut hat. Was da alles liegt: Weintrauben, Pfirsiche, Birnen, Äpfel und Blaubeeren. Ja, auch Aprikosen findet Jule. Zu Hause wird das Obst gewaschen, klein-geschnitten, mit etwas Zitronensaft und Zucker vermengt und kaltgestellt.

(101 Wörter)

122 Ein Traum

An einem heißen Sommertag hielt Nasreddin Hodscha* auf seiner Veranda ein Schläfchen. Dabei träumte er, dass ihm ein völlig fremder Mensch | zehn Goldstücke geben wollte. | Der Unbekannte zählte dem Hodscha | ein Goldstück nach dem anderen in die Hand. | Als er beim zehnten angekommen war, | zögerte er. |

Ungeduldig rief der Hodscha: | „Mach schon! Worauf wartest du? | Du hast mir zehn Goldstücke versprochen.“ |

Genau in diesem Augenblick | wachte er auf, | schaute sofort auf seine Hand und sah, | dass sie leer war. | Da schloss er ganz schnell | wieder die Augen, | streckte seine Hand aus | und sagte: „Schon gut. | Ich bin auch mit neun zufrieden!“ |

(103 Wörter)

*(*ein Held der türkischen Volksdichtung, der ein wenig an Till Eulenspiegel erinnert; der Name kann buchstabiert werden)*

123 **Schutz für Igel**

Igel lieben Süßes (,) und das | bringt sie oft in Gefahr. | Plastikbecher für Getränke oder Eis | werden häufig achtlos weggeworfen, | bleiben im Gebüsch liegen | und locken mit ihrem süßen Geruch | die Stacheltiere an. | Sie kriechen in die Becher | und schlecken die Reste aus. | Wenn sie wieder zurück möchten, | verhaken sie sich mit ihren Stacheln | und stecken fest. | Ein Mitarbeiter | des Deutschen Tierschutzbundes erklärt: | „Viele Igel sind auf diese Weise | bereits verhungert.“ |

Damit dies nicht mehr geschieht, | will eine große Imbisskette in Zukunft | nur tierfreundliche Pappbecher verwenden, | aus denen Igel sich leicht | wieder befreien können. | Eine gute Idee! | Aber könnten nicht alle | ihren Müll in die vorgesehenen Behälter bringen?

(111 Wörter)

124 Fächerkugel

Eine Fächerkugel kannst du | an den Weihnachtsbaum hängen | oder ein Geschenk damit schmücken. | Du brauchst nur Bastelfolie, Stift, | Schere, Klebstoff und etwas Schnur. | Auf die Folie zeichnest du acht | oder mehr Kreise, | die einen Durchmesser | von ungefähr sechs Zentimetern haben. | Das geht einfach, | wenn du ein Glas auf die Folie stellst | und drum herumzeichnest. | Die Kreise schneidest du aus. | Dann faltest du jeden Kreis | einmal in der Mitte | und biegst ihn wieder auseinander. | Nun klebst du | die rechte Rückseite eines Kreises | mit der linken Seite eines zweiten Kreises | zusammen, bis alle Kreise | zusammengeklebt sind. | Die letzte Hälfte | wird mit der ersten zusammengeklebt, | damit eine Kugel entsteht. | Denke an ein Stück Schnur, | das du als Aufhänger dazwischenklebst! | Weißt du schon, wohin | du die Kugel hängen willst?
(126 Wörter)

125 Der dicke, fette Pfannkuchen

Es waren einmal drei alte Schwestern, | die sich einen Pfannkuchen backten. | Als sie ihn aus der Pfanne holen wollten, | sprang er auf den Fußboden | und rollte auf die Straße hinaus. | Nach einer Weile traf er einen Knecht. |
„Guten Tag, Pfannkuchen!“, | sagte der Knecht, | „warte, ich will dich aufessen!“ |
„Du sollst mich nicht kriegen!“, | rief der Pfannkuchen und er rollte weiter. | Es dauerte nicht lange, | da kam eine Kuh über die Wiese. |
„Warum hast du es so eilig?“, | fragte die Kuh. | „Warte doch, dass ich dich fressen kann!“ |
„Ein andermal!“, rief der Pfannkuchen | und verschwand im Wald. |

Auch ein Hahn, eine Maus, | ein Hase und ein Schwein versuchten, | den Pfannkuchen zu verspeisen, | doch er rollte immer weiter, | bis es Abend wurde. |
Drei Kinder saßen am Wegrand, | die hatten keine Eltern mehr | und waren den ganzen Tag umhergeirrt. | Als sie den dicken, fetten Pfannkuchen sahen, | sprangen sie auf und baten: | „Ach, lieber, guter Pfannkuchen, | bleib doch stehen. | Wir haben solchen Hunger!“ |
Da sprang der Pfannkuchen | den Kindern in den Korb | und ließ sich von ihnen aufessen.
(178 Wörter)

Was gehört zusammen?

Verbinde die beiden Gegenstände, die jeweils etwas gemeinsam haben. Der Schneemann und das Zuckerstück sind zum Beispiel beide weiß. Welcher Gegenstand bleibt dann übrig?

Der größte Fang

Rufus und seine Freunde haben heute Glück beim Angeln. Wer hat denn den größten Fisch gefangen?

XI Gemischte Diktate

126 Die Wohnung der Maus

Ich frag die Maus: |
Wo ist dein Haus? |
Die Maus darauf erwidert mir: |
Sag's nicht der Katz, | so sag ich's dir. |
Treppauf, treppab, |
erst rechts, dann links, |
dann wieder rechts, |
und dann gradaus, |
da ist mein Haus. |
Du wirst es schon erblicken. |
Die Tür ist klein, |
und trittst du ein, |
vergiss nicht, dich zu bücken. |

(Johannes Trojan 1837–1915)

(57 Wörter)

127 Die kleine Hexe

Morgens früh um sechs |
kommt die kleine Hex. |
Morgens früh um sieben |
schabt sie gelbe Rüben. |
Morgens früh um acht |
wird Kaffee gemacht. |
Morgens früh um neune |

geht sie in die Scheune. |
Morgens früh um zehne |
holt sie Holz und Späne. |
Feuert an um elf, |
kocht dann bis um zwölf |
Fröschebein und Krebs und Fisch: |
Hurtig Kinder, kommt zu Tisch! |
(63 Wörter)

128 Die Heinzelmännchen

Wie war zu Köln es doch vordem |
mit Heinzelmännchen so bequem! |
Denn war man faul, | man legte sich |
hin auf die Bank und pflegte sich. |
Da kamen bei Nacht, |
ehe man's gedacht, |
die Männchen und schwärmten |
und klappten und lärmten |
und rupften und zupften |
und hüpften und trabten |
und putzten und schabten |
und eh ein Faulpelz noch erwacht, |
war all sein Tagwerk bereits gemacht!
(August Kopisch 1799–1853)
(66 Wörter)

129 Heilige Kühe

In Indien sind Kühe heilige Tiere, | denen niemand etwas tun darf. | Sie laufen in den Orten frei herum | und werden von allen Menschen | freundlich behandelt und gefüttert. | Darum bleiben sie gern | in menschlicher Nähe. | Manchmal liegen

sie | mitten auf der Straße | und behindern den Verkehr. | Die Autofahrer müssen ihnen ausweichen | und landen auch schon mal im Straßengraben. | Denn ein heiliges Tier | darf auf keinen Fall verletzt werden.
(69 Wörter)

130 Das Knabber-Memory

Dies ist ein schönes Spiel für die ganze Familie. | Du stellst 24 gleiche Pappbecher | in sechs Reihen | mit der Öffnung nach unten auf. | Nun brauchst du zwölf verschiedene Knabbereien, | von jeder zwei Stück. | Das können zum Beispiel Gummibärchen, | Kirschtomaten, Schokolade, | Kekse, Nüsse, Käsestückchen | oder Erdbeeren sein. | Die leckeren Sachen werden gut verteilt | unter die Becher gelegt. | Jetzt hebt jeder Mitspieler | reihum zwei Becher auf. | Wenn jemand zwei gleiche Leckerbissen | gefunden hat, | darf er sie aufessen.
(77 Wörter)

131 Wasser ist kostbar

Bei uns kommt das Wasser jederzeit | aus dem Wasserhahn. | Es ist sauber(,) und man kann es | ohne Bedenken trinken. | In vielen Ländern auf der Welt | ist das anders. | Vor allem in den heißen Gegenden | von Afrika und Asien | gibt es nicht genug Wasser. | Darum vertrocknen die Pflanzen auf den Feldern(,) | und die Menschen haben Durst. | Oft müssen sie weite Wege gehen, | um Wasser aus einem Brunnen zu holen. | Jeder Liter ist dadurch sehr wertvoll.
(77 Wörter)

132 Essen in Rom

Im alten Rom hatten viele Menschen | in ihren Wohnungen keinen Herd. | Sie gingen auf die Straße, | um sich eine warme Mahlzeit zu holen. | Imbissverkäufer schoben Wagen | mit großen Warmhaltekesseln vor sich her | und boten heiße Würstchen oder andere Speisen an. | Fast an jeder Ecke | gab es ein einfaches Stehlokal, | wo man Suppe, | Gemüse- und Fleischgerichte | bekommen konnte. | Hierher kamen nur die ärmeren Leute. | Die reichen Römer ließen sich | in ihren Häusern etwas kochen | und aßen im eigenen Speisezimmer.

(81 Wörter)

133 Tierisch gelacht

Über die australische Steppe hüpft ein Känguru. | Als es stolpert, | fällt aus seinem Beutel | ein kleiner Pinguin. | Zur selben Zeit steht am Polarmeer | eine Pinguinfamilie auf einer Eisscholle. | Mitten drin friert zitternd | ein kleines Känguru. | Zähne klappernd | murmelt es immer wieder: | „So ein blöder Schüleraustausch, | so ein blöder Schüleraustausch!“ |

Es treffen sich zwei Hunde. | „Guten Tag, | ich bin aus gutem Haus | und heiße Bello vom Schlosspark. | Und wer bist du?“ | „Ich bin auch aus gutem Haus. | Ich heiße Runter vom Sofa!“

(83 Wörter)

134 Leicht wie eine Feder!

Lisa liebt das Ballett. | Zweimal in der Woche | fährt sie in die Ballettschule. | Zuerst wärmen alle Schülerinnen | ihren Körper mit Übungen an der Stange auf. | Dann geht es in die Mitte des Raumes. | Hier werden Sprünge, | Drehungen und

andere Bewegungen geübt. | Das Training ist sehr anstrengend. | Aber Lisa macht es viel Spaß. | Auf Spitzen darf sie noch nicht tanzen. | Dafür haben ihre Füße noch nicht genug Kraft. | In diesem Jahr will die Gruppe | das Stück „Dornröschen" aufführen. | Ob sie mitmachen darf?
(85 Wörter)

135 Verkehrte Welt

Des Abends, wenn ich früh aufsteh, |
des Morgens, wenn ich zu Bette geh, |
dann krähen die Hühner, | dann gackert der Hahn, |
dann fängt das Korn zu dreschen an. |
Die Magd, die steckt den Ofen ins Feuer. |
Die Frau, die schlägt drei Suppen in die Eier. |
Der Knecht, der kehrt mit der Stube den Besen. |
Da sitzen die Erbsen, | die Kinder zu lesen. |
O weh, wie sind mir die Stiefel geschwollen, |
dass sie nicht in die Beine ´rein wollen! |
Nimm drei Pfund Stiefel | und schmiere das Fett, |
dann stelle mir vor die Stiefel das Bett.
(96 Wörter)

136 Die Gedanken sind frei

Die Gedanken sind frei. | Wer kann sie erraten? |
Sie fliegen vorbei wie nächtliche Schatten. |
Kein Mensch kann sie wissen. | Kein Jäger erschießen. |
So bleibt es dabei: | Die Gedanken sind frei! |
Ich denke, was ich will | und was mich beglückt, |
doch alles in der Stille, | und wie es sich schickt. |
Mein Wunsch, mein Begehren | kann niemand verwehren. |
So bleibt es dabei: | Die Gedanken sind frei! |
Drum will ich auf immer | den Sorgen entsagen |

und will mich auch nicht mehr | mit Ärger rumplagen. |
Man kann ja im Herzen | stets lachen und scherzen |
und denken dabei: | Die Gedanken sind frei!
(101 Wörter)

(Die Melodie zu diesem alten Volkslied findest du im Internet, z. B. unter: www.volksliederarchiv.de)

137 Bremer Stadtmusikanten

Am Freitag tauchten in Bremen | so viele Stadtmusikanten auf wie nie zuvor. | Es waren fast 1 500 Kinder und Erwachsene, | die als Esel, Hund, Katze oder Hahn verkleidet | erschienen waren. | Zwei Minuten lang machten sie | auf dem Marktplatz | das Gebrüll der Märchenfiguren nach, | natürlich alle gleichzeitig! | Weil dies das bisher größte Konzert | von Stadtmusikanten war, | haben die Bremer einen Weltrekord geschafft. | Zuvor gab es einen bunten Umzug durch die Stadt. | Viele Schüler und Kindergartenkinder | kamen aus verschiedenen Richtungen | zum Marktplatz gelaufen | und trafen sich dort. | Die meisten haben ihre Kostüme selbst gebastelt. | Bremens Bürgermeister war übrigens auch dabei. | Er kam aber nicht verkleidet.
(104 Wörter)

138 Arbeit auf dem Leuchtturm

In der Nordsee steht schon seit 1885 | der berühmte Leuchtturm „Roter Sand" | mitten in der Brandung. | Viele Jahre lang | hat er den Seeleuten geholfen, | ihr Schiff sicher an einer gefährlichen Sandbank | vorbeizulenken. | Früher haben sich drei Leuchtturmwärter | die harte Arbeit geteilt. | Viele Wochen lang dauerte ein Arbeitseinsatz. | Besonders ungemütlich | war der Dienst im Winter, | weil es keine

Heizung gab. | Die mächtigen Wellen ließen den Turm | manches Mal so erzittern, | dass die Besatzung um ihr Leben fürchtete. |
Heute ist dieser Leuchtturm ein Denkmal, | andere sind immer noch | als Leuchtfeuer in Betrieb. | Allerdings brauchen sie keinen Leuchtturmwärter mehr, | der auf das Licht aufpasst. | Das wird inzwischen | elektronisch vom Festland aus geregelt.
(113 Wörter)

139 Starke Erbsen

Sie sind zwar klein, | aber es steckt mehr Kraft in Erbsen, | als man meint. | Du kannst das | mit diesem Versuch ausprobieren. | Alles, was du brauchst, | ist eine Tüte Gips, | ein paar Erbsen und eine flache Schale. | Rühre den Gips mit Wasser an | und gieße die Hälfte der Mischung | in die Schale. | Drücke nun die Erbsen gleichmäßig in den Gips. | Dann kommt der restliche Gips darüber. | Wenn der Gips trocken ist, | schüttest du noch | ein bisschen Wasser darüber. | Ein oder zwei Tage später | haben die Erbsen | den festen Gipsblock auseinandergesprengt. | Die Erbsen saugten | das nachgegossene Wasser in sich auf. | Dadurch sind sie immer dicker geworden, | bis sie den harten Gips | ringsherum zerbrochen haben.
(114 Wörter)

140 Der Verdrießliche

Sonne scheint gar zu hell,
Vogel schreit gar zu grell,
Wein ist zu sauer mir,
zu bitter ist das Bier,
Honig zu süßlich!
Weil nichts nach meinem Sinn,
weil ich verdrießlich bin,
bin ich verdrießlich.

Dort wird Musik gemacht.
Dort wird getanzt, gelacht.
Dort wirft man gar den Hut.
Wie mich das ärgern tut!
Ist nichts ersprießlich,
ist nichts nach meinem Sinn.
Weil ich verdrießlich bin.
Ach, so verdrießlich!

Winter ist mir zu kalt,
Frühling kommt mir zu bald,
Sommer ist mir zu warm,
Herbst bringt den Mückenschwarm.
Mücken auf jeder Hand,
Mücken an jeder Wand.
O, wie mich das verstimmt!
O, wie mich das ergrimmt!
Wie das ins Herz mir brennt!
Himmelkreuzelement!

Bin ganz verdrießlich!
(Ludwig Bechstein 1801–1860)
(118 Wörter)

141 Himmel und Erde

Dieses Spiel kannst du gut im Sand spielen. | Suche dir einen Mitspieler | und 20 kleine Steine oder Muscheln. | Grabe eine kleine Mulde in den Sand. | Dort hinein legst du die Steine. | Beide Spieler hocken sich vor die Mulde. | Der erste nimmt einen Stein | und wirft ihn in die Luft. | Mit derselben Hand | greift er schnell einen zweiten Stein | aus der Mulde | und legt ihn neben sich. | Dann fängt er den ersten Stein wieder auf. | Wenn er dies schafft, | darf er einen Stein behalten | und noch einmal spielen. | Gelingt es nicht, | kommen beide Steine zurück in die Mulde | und der zweite Spieler versucht sein Glück. | Wenn nur noch ein Stein | in der Mulde liegt, | ist das Spiel aus. | Gewonnen hat natürlich | der mit den meisten Steinen.
(128 Wörter)

142 Das Lied von der Brücke

Es führt über den Main | eine Brücke von Stein. |
Wer darüber will gehen, | muss im Tanze sich drehen. |

Kommt ein Fuhrmann daher, | hat geladen gar schwer. |
Seiner Rösser sind drei, | und sie tanzen vorbei. |

Kommt ein Mädchen allein | auf die Brücke von Stein, |
fasst ihr Röckchen geschwind, | und sie tanzt wie der Wind. |

Kommt ein Bursche ohne Schuh | und in Lumpen dazu. |
Als die Brücke er sah, | hei wie tanzte er da. |

Und der König in Person | steigt herab von seinem Thron. |
Kaum betritt er das Brett, | tanzt er gleich Menuett. |

Liebe Leute, herbei, | schlagt die Brücke entzwei! |
Und sie schwangen das Beil, | und sie tanzten derweil. |

Alle Leute im Land | kommen eilig gerannt. |
Bleibt der Brücke doch fern, | denn wir tanzen so gern. |
(129 Wörter)

(Wer dieses Lied singen möchte, singt zwischen den Strophen eine Zeile fal-la-la-la-laaa-la-la-la-laa; im Internet kann man sich die Melodie anhören.)

143 Wie wurde man ein Ritter?

Im Mittelalter waren Ritter die Soldaten, | die auf dem Rücken ihres Pferdes | in den Kampf zogen. | Sie brauchten also eine Rüstung und ein Pferd. | Beides war teuer, | weshalb meist nur | die Söhne aus reichen Familien | Ritter werden konnten. | Dazu wurden sie mit sieben Jahren | zur Ausbildung auf eine andere Burg geschickt. | Mit vierzehn Jahren | wurde man ein Knappe. | Dieser war für die Pferde seines Ritters zuständig. | Außerdem pflegte er dessen Rüstung. | Wenn es Krieg gab, | musste der Knappe | mit in die Schlacht ziehen und kämpfen. | Weil er in einer Hand seine Waffe | und in der anderen seinen Schild trug, | musste er lernen, | freihändig zu reiten. | Mit einundzwanzig Jahren | hatte der Knappe ausgelernt. | Beim Ritterschlag schwor er, | seinem Dienstherrn treu zu dienen. | Nun war er selbst ein Ritter.
(132 Wörter)

144 Kleine Eisbären

Im Winter werden die Eisbärbabys | in einer großen Schneehöhle, | die ihre Mutter gegraben hat, | geboren. |

Sie sind dann so groß wie Kaninchen. | Sie ernähren sich | von der Milch ihrer Mutter | und wachsen heran. | Nach ein paar Monaten | verlassen sie die Höhle | und kommen nach draußen. | Am liebsten spielen und tollen | die Jungen im Schnee. | Ihr dichtes Fell und die dicke Speckschicht | halten sie immer schön warm. | Wenn sie schlafen, | legen sie sich einfach auf das Eis | und frieren trotzdem nicht. | Die Jungen bleiben | zwei Jahre lang bei ihrer Mutter | und lernen von ihr, | wie sie auf dem Land | und im Wasser jagen können. | Danach trennen sich ihre Wege, | denn Eisbären sind echte Einzelgänger. | Auf der Suche nach einer Mahlzeit | laufen sie jeden Tag viele Kilometer | durch die eisige Landschaft. | Meist fressen sie Robben.

(135 Wörter)

145 **Märchen-Mix** (Welche Märchen verstecken sich hier? Vgl. S111.)

Im Wald regnete es. | Das Wasser tropfte auf das Dach des alten Hexenhauses | und weichte die Lebkuchen auf. | Da lief ein kleines Mädchen vorüber. | Kaum konnte sie den Korb mit Brot und Wein | vor dem Regen schützen. | Sie seufzte. | Der Weg zur Großmutter war noch so weit. | Plötzlich saß ein grüner Frosch vor ihr | und sprach: | „Wenn du mir von deinem Essen abgibst | und ich in dein warmes Bett schlüpfen kann, | schenke ich dir einen Regenschirm!" | „Verschwinde, du hässliche Kröte!" | wimmelte das Mädchen ihn ab | und eilte davon. | Der Frosch hüpfte beleidigt weiter | zur großen Dornenhecke, | die seit langer Zeit vor einem verfallenen Schloss wuchs. | Hier wollte er auf den Kater warten. | Der war sehr schlau und listig. | Er hatte sogar aus einem einfachen Müllerburschen | einen reichen Grafen gemacht! |

(135 Wörter)

146 Das Ei des Kolumbus

Christoph Kolumbus* | gilt als Entdecker Amerikas. | Vor ungefähr 500 Jahren segelte er | mit einem Segelschiff | von Spanien aus über den Ozean | nach Mittelamerika. | Als er später | zurück in Spanien war, | soll jemand bei einem Festessen | zu ihm gesagt haben, | dass seine Tat nichts Besonderes gewesen wäre. |

Daraufhin bat Kolumbus die Anwesenden, | ein Ei auf der Spitze aufzustellen. | Alle versuchten es, | aber keiner schaffte es. | Da schlug Kolumbus sein Ei | so mit der Spitze auf den Tisch, | dass sie etwas eingedrückt wurde | und das Ei stehenblieb. | „Das hätten wir auch gekonnt!", | murrten die anderen. | Da antwortete Kolumbus: | „Das ist eben der Unterschied. | Sie hätten es tun können, | aber ich habe es tatsächlich getan!" |

Wenn man heute eine einfache Lösung | für etwas findet, | was vorher unlösbar erschien, | so nennt man sie | „das Ei des Kolumbus".

(138 Wörter)

(Der Name darf buchstabiert werden.)*

147 Befana bringt die Geschenke

In Italien stellen die Kinder | in der Nacht vom 5. auf den 6. Januar | ihre Stiefel an den Kamin | oder hängen dort Strümpfe auf. | Sie hoffen, | dass die freundliche Hexe Befana | ihnen dort Geschenke hineinlegt. | Wer keine verdient hat, | bekommt nur Kohlenstücke. | Entstanden ist dieser Brauch | wegen folgender Geschichte: |

Als die Heiligen Drei Könige | auf dem Weg zum neugeborenen Jesuskind waren, | sollen sie am Haus der Hexe Befana | vorbeigekommen sein. | Sie luden sie ein, |

mit ihnen zu ziehen, | um das Jesuskind zu begrüßen. | Die Hexe lehnte ab, | weil sie zu viel zu tun hatte. | Nach einiger Zeit bereute sie dies. | Sie eilte hinter den Königen her | und suchte sie. | Aber sie konnte sie nicht finden. | Seitdem fliegt sie jedes Jahr in dieser Nacht | auf ihrem Besen umher | und sucht das Jesuskind. | Unterwegs bringt sie dann den Kindern ihre Gaben.
(143 Wörter)

148 Lesetipps rund ums Meer

1. Das Mädchen ist vier | und ihr Bruder wird bald dreizehn. | Ihre Eltern haben wenig Geld. | Ein Freund bietet ihnen | seine Wohnung in Neapel | für die Sommerferien an. | Aber die Mutter möchte lieber | in ein kleines Ferienhäuschen | an der Nordsee. | Wie die Geschwister es trotzdem schaffen, | doch noch zwei Wochen | mit ihren Eltern | in Neapel zu verbringen, | erzählt dieses spannende Buch. |

2. Ein Mädchen lebt mit ihrer Mutter in einem Dorf, | irgendwo am Meer. | Ihren Vater hat sie nie kennengelernt, | den Schausteller und Akrobaten. | Dann findet das Mädchen am Meer | einen besonderen Stein. | Er wird ihr fantastischer Gesprächspartner. |

3. In einer alten Burgruine | oberhalb eines Fischerstädtchens | hausen Zora, | das Mädchen mit den feuerroten Haaren, | und ihre Freunde. | Als Branko, | der gerade seine Mutter verloren hat, | vor lauter Hunger Essen stiehlt, | holt Zora ihn aus dem Gefängnis | und in ihre Bande.
(144 Wörter)

So heißen die Bücher:
1. Sabine Ludwig, Viermal Pizza Napoli
2. Benno Pludra, Das Herz des Piraten
3. Kurt Held, Die Rote Zora und ihre Bande

149 Kartoffeln aus dem Eimer

Wenn du keinen Garten hast, | kannst du auch auf dem Balkon | Kartoffeln wachsen lassen. | Am besten eignet sich dafür | ein großer schwarzer Plastikeimer. | In den Boden müssen | ein paar Löcher gebohrt werden. | Lass dir dabei von deinen Eltern helfen. | Mitte April kommt eine Schicht | gute Gartenerde in den Eimer. | Sie sollte ungefähr 20 cm dick sein. |

In diese Erdschicht | steckst du nun fünf Zentimeter tief | drei bis vier Kartoffeln. | Der Eimer kommt an eine warme, | aber nicht zu sonnige Stelle. | Vergiss nicht, | regelmäßig zu gießen! |

Sobald die Kartoffelpflänzchen | ihre Spitzen aus der Erde schieben, | gib eine Schicht Komposterde darüber, | bis kein Grün mehr zu sehen ist. | Das wiederholst du jedes Mal, | wenn die Pflanzen oben rausgucken, | bis der Eimer voll ist. | Danach lässt du die Pflanzen einfach wachsen. |

Nach der Blüte werden die Blätter gelb. | Wenn sie ganz trocken geworden sind, | kannst du deine Kartoffeln ernten.
(150 Wörter)

150 Der süße Brei

Es war einmal ein Mädchen, | das lebte allein mit seiner Mutter. | Sie hatten nichts mehr zu essen. | Da ging das Kind hinaus in den Wald, | wo ihm eine alte Frau begegnete. | Sie schenkte ihm ein Töpfchen, | das immer dann | süßen Hirsebrei kochen würde, | wenn es zu ihm sagte: | „Töpfchen, koche.“ | Wenn es sagte: | „Töpfchen, steh“, | so hörte es wieder auf. |

Das Mädchen brachte den Topf seiner Mutter, | und nun konnten sie süßen Brei essen, | sooft sie wollten. |

Einmal war das Mädchen ausgegangen. | Da sprach die Mutter: | „Töpfchen, koche.“ | Da kochte es und die Mutter aß sich satt. | Als sie wollte, | dass das Töpfchen wieder aufhörte, | hatte sie das richtige Wort vergessen. | Also kochte es immer weiter, | der Brei floss in die Küche | und in das Haus und auf die Straße, | als wollte es die ganze Welt satt machen. | Endlich kam die Tochter heim und sagte: | „Töpfchen, steh.“ | Da hörte es endlich auf zu kochen. | Aber wer in die Stadt wollte, | der musste sich durchessen.

(167 Wörter)

Im Gleichgewicht

Stelle dich ohne Schuhe locker auf ein Bein und zähle langsam von 1 an. Wie weit kommst du? Wechsle nun das Bein. Kannst du auf beiden Beinen gleich lang stehen? Jetzt wird es schwieriger: Schließe während der Übung die Augen. Wie lange kannst du jetzt stehenbleiben? Probiere es auch mit dem zweiten Bein aus.

Auf dem Markt

Vergleiche die beiden Bilder genau. Findest du die 6 Unterschiede? Kennst du auch die Obst- und Gemüsesorten, die hier angeboten werden? Dann schreibe ihre Namen (immer die Einzahl) unten auf. Aber halt! Die Namen sollen nach dem Alphabet sortiert sein!

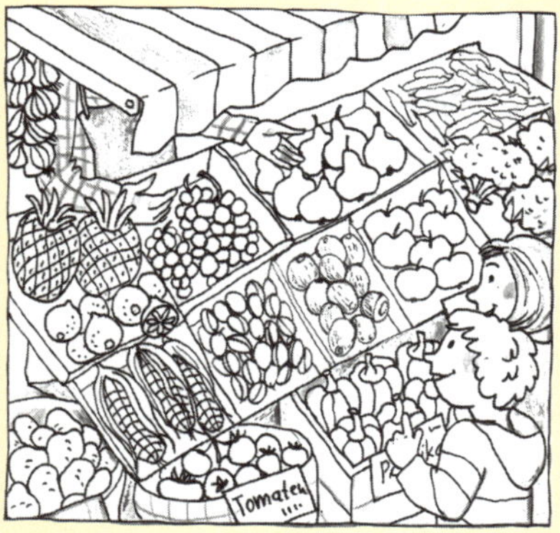

Obst

Gemüse

Lösungen

Seite 27 1) Handball, 2) Tennis, 3) Schwimmen, 4) Reiten
Rufus jongliert mit Bällen.

Seite 35

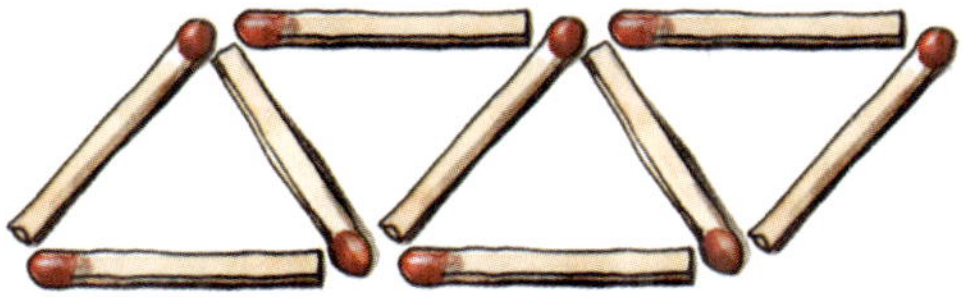

Wortschlange:
- ohne Umstellen: Esel, es, Laub, Zimt, Ei, Teil, Graf, im
- mit Umstellen: Reise, Laus, Teile, (ich) teile, blau, Bau, Seil ...

Seite 42

12 = 1 + 6 + 5
12 = 3 + 5 + 4
12 = 8 + 4 + 0
12 = 1 + 3 + 8
12 = 1 + 7 + 4
12 = 6 + 2 + 4
12 = 7 + 2 + 3
12 = 7 + 5 + 0

Seite 50 a) 3 Kilometer in der Stunde
b) 8 bis 20 Kilometer in der Stunde
c) 60 Kilometer in der Stunde

Seite 57 Lösungswort: LUPE

Seite 68 Lösungen: Büffel, Wigwam, Mokassin, Feder, Pfeil, Amerika, Häuptling, Tipi, Stamm, Stirnband, Kanu

Seite 74

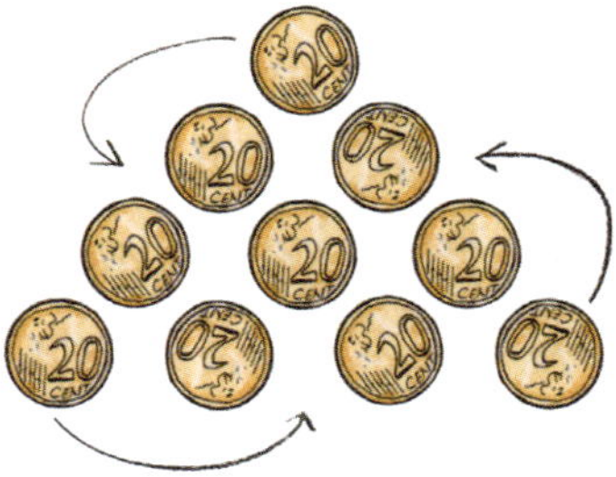

Seite 76 Die Schere bleibt übrig.

Seite 80 Das Wort GRÜN in der letzten Reihe ist auch in grün gedruckt; bei keiner anderen Farbe stimmen Wortlaut und Druckfarbe überein.

Seite 94 Otto hat den größten Fisch gefangen.

Seite 105 Rotkäppchen, Hänsel und Gretel, Der Froschkönig, Dornröschen, Der gestiefelte Kater

Seite 110

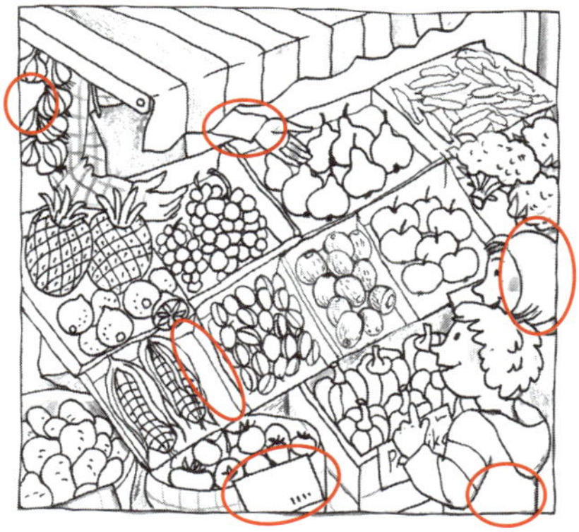

Obst: 1) Ananas, 2) Apfel, 3) Birne, 4) Kiwi, 5) Pflaume, 6) Traube, 7) Zitrone

Gemüse: 1) Blumenkohl, 2) Bohne, 3) Kartoffel, 4) Mais(kolben), 5) Paprika, 6) Tomate, 7) Zwiebel